Droit guinéen de la famille

Sékou Maouloud KOÏTA

Droit guinéen de la famille

Préface d'Isaac Yankhoba NDIAYE

L'Harmattan
Guinée

Du même auteur chez l'Harmattan

La responsabilité des père et mère en droit guinéen. Étude prospective à la lumière du droit français, 2016.
Droit commercial général OHADA, ISAK Editions, 2020

Contributions de l'auteur

Valoriser les usages, tome 1, Institut des usages, 2020
Le donné, la volonté et la responsabilité, éditions Bruylant, 2016
La complémentarité des sexes en droit de la famille, éditions Mare et Martin, 2014

L'Harmattan, 2024
5-7, rue de l'École-Polytechnique, 75005 Paris
http://www.editions-harmattan.fr
ISBN : 978-2-336-50430-8
EAN : 9782336504308

Sékou Maouloud KOÏTA

Droit guinéen de la famille

Préface d'Isaac Yankhoba NDIAYE

L'Harmattan
Guinée

Du même auteur chez l'Harmattan

La responsabilité des père et mère en droit guinéen. Étude prospective à la lumière du droit français, 2016.
Droit commercial général OHADA, ISAK Editions, 2020

Contributions de l'auteur

Valoriser les usages, tome 1, Institut des usages, 2020
Le donné, la volonté et la responsabilité, éditions Bruylant, 2016
La complémentarité des sexes en droit de la famille, éditions Mare et Martin, 2014

L'Harmattan, 2024
5-7, rue de l'École-Polytechnique, 75005 Paris
http://www.editions-harmattan.fr
ISBN : 978-2-336-50430-8
EAN : 9782336504308

Dédicace

Je dédie ce manuel à ma directrice de thèse de doctorat, Professeure Clotilde Brunetti-Pons, responsable de l'équipe de recherche sur le couple et l'enfance, du laboratoire CEJESCO de l'Université de Reims, Champagne-Ardenne, pour m'avoir transmis la passion du droit de la famille.

Remerciements

Je remercie

Dieu le Tout-Puissant, Maître suprême de la vie.

Je remercie mes parents et tous ceux qui ont contribué à mon éducation.

Je remercie mon épouse et mes enfants pour les épreuves et le bonheur partagés.

Je remercie le Professeur Mohamed Cissé, Professeur agrégé titulaire du CAMES, Doyen de la Faculté des sciences et techniques de la Santé de l'Université Gamal Abdel Nasser de Conakry, pour ses conseils précieux.

Je remercie le Professeur Isaac Yankhoba Ndiaye, ancien vice-président du Conseil constitutionnel du Sénégal, ancien Doyen de la Faculté des Sciences juridiques et politiques de l'Université Cheick Anta Diop de Dakar, Professeur agrégé titulaire du CAMES, pour me servir de modèle.

Je remercie Docteur Nestor Tamba Mara, mon collègue de l'Université GLC-SC, pour la relecture des épreuves de ce manuel.

Je remercie toutes les personnes qui m'ont encouragé pour la rédaction de ce livre, notamment, mes collaborateurs, Madame Diallo Halimatou Donghol, Messieurs Tamba Lamine Leno, Fodé Dioubaté, Francedy Sidibé, Seydou Doumbouya et mes infatigables assistantes Bintou Bangoura et Fatou Louise Zoblelemou.

Enfin, je vous remercie cher lecteur, pour avoir pris le temps de me lire.

PRÉFACE

L'ouvrage du Docteur SEKOU MAOULOUD KOÏTA mérite d'être lu à plusieurs égards : il ne peut laisser indifférent, car il informe et instruit à la fois ; il est écrit dans un style simple et accessible, dans une discipline reconnue sensible et complexe qui se trouve être le substrat de toute société : le droit de la famille.

Docteur KOÏTA a, par ailleurs, l'avantage de se situer en pionnier pour avoir saisi l'opportunité de se prononcer sur les diverses réformes intervenues en la matière. L'ampleur de l'étude aurait pu fatalement conduire à une méthode cataloguée, une compilation d'informations à l'état brut. L'étude de Docteur KOÏTA ne pouvait souffrir d'une telle analogie : la démarche n'est ni linéaire ni descriptive. Elle est certes synthétique, mais avec une dynamique réflexive qui révèle les qualités de chercheur de l'auteur.

Toute l'analyse est sous-tendue par une bibliographie fournie et actualisée, accompagnée d'incursions comparatistes pertinentes.

C'est d'abord la mise en cohérence de sources hétéroclites par une articulation harmonieuse permettant de trouver le socle commun d'un dispositif d'ensemble ; c'est ensuite la luminosité apportée à l'articulation parfois laborieuse entre le Code civil et la loi spéciale de 2023 sur l'état civil ; c'est enfin, l'orientation critique qui incite à scruter, à s'interroger, à contester, sans oublier d'apporter des réponses.

L'auteur a voulu, dès l'entame, relever la conception africaine de la famille qui se démarque nettement des schémas convenus ailleurs : la famille, en Afrique, est un miroir de ce que le droit traditionnel a le mieux conservé ; elle s'étend au-delà de la consanguinité et de l'alliance.

Mais le législateur a évité de la définir, même si, il est possible de considérer que le Code civil n'est pas éloigné du couple parents-enfant(s). Par la suite, l'auteur a développé son analyse à partir de deux termes majeurs qui, d'une part, renvoient au couple, et d'autre part, à l'enfant.

Dans le premier terme, il est permis de constater que le couple marié occupe la première place dès l'instant que l'on considère l'importance relevée du mariage comme noyau dur de la famille. Le législateur guinéen a tenu à préciser expressément qu'il ne peut s'agir que de mariage de personnes de sexe différent, mettant ainsi fin à toute velléité de discussions sur l'identité de sexe des époux.

C'est dans la même dynamique qu'il a été relevé par l'auteur que le mariage est un acte aussi bien volontaire que solennel soumis à diverses conditions, notamment la liberté matrimoniale et ses dérivées, l'intervention de l'officier d'état civil pour sa célébration ou sa preuve.

Docteur KOÏTA ne manque pas de souligner les spécificités du droit guinéen comme la rupture des fiançailles, le sort de la dot, condition de formation du mariage, la possibilité d'être polygame dans certains cas, l'interdiction du lévirat, la contribution aux charges du ménage, le devoir de secours ou d'assistance, le devoir de fidélité surtout dans le mariage polygamique, ou encore le choix de la résidence conjugale.

Sur toutes ces questions, l'auteur s'est voulu démonstratif tout en relevant ce qui peut paraitre inachevé, incohérent ou contradictoire.

L'étude s'est aussi orientée vers les couples non mariés bien que le concubinage ne soit réglementé, même si la pratique peut sembler tolérée, ou à tout le moins pas suffisamment contestée.

La désunion du couple a suivi le même cheminement selon que le lien matrimonial est rompu ou qu'il se relâche : le divorce et la séparation de corps.

Le droit du divorce a été quelque peu rénové avec une variété de formes de rupture : le divorce par consentement mutuel et ses variantes, le divorce pour rupture de la vie commune et le divorce pour faute. Le sort des enfants à la suite du divorce fait resurgir la problématique de l'exercice de l'autorité parentale qui s'est substituée à la prédominance maritale.

On peut se permettre de ne pas s'attarder sur la séparation de corps qui n'entraîne pas nécessairement la dissolution du mariage, pour mieux mettre en relief le second terme de l'étude consacré à l'enfant.

L'auteur relève l'avancée remarquable sur les droits de l'enfant : l'égalité entre tous les enfants, la possibilité pour l'enfant naturel de connaître son identité, par la reconnaissance, la possession d'état ou en justice.

Quant à la procréation artificielle, le législateur semble être en déphasage avec les progrès constatés dans les sciences biologiques et génétiques, même s'il réprime, dans le Code pénal, certaines pratiques jugées néfastes.

Par contre, en ce qui concerne la filiation adoptive, on retrouve la distinction classique entre l'adoption simple et l'adoption plénière, techniques de rattachement volontaire de la filiation.

Il est facile de convenir que Docteur KOÏTA a fait un large « tour d'horizon » du droit guinéen de la famille : seuls les droits des libéralités et des successions ont manqué à l'appel ; et d'ailleurs, sur ce point, l'auteur avait prévenu.

Il ne serait donc pas hors propos de souligner l'intensité des efforts et de la réflexion sur un périmètre d'analyse aussi étendu.

On ne pourrait néanmoins occulter les difficultés de l'entreprise qui, parfois, ont certainement conduit Docteur

KOÏTA à minorer certains développements qui auraient été susceptibles d'apporter une plus grande plus-value à son étude. C'est le cas notamment en ce qui concerne l'enfant, pourtant personne vulnérable à tous égards et justifiant toutes les formes de protection qui lui sont dédiées. Les passages qui lui sont consacrés dans l'ouvrage ne semblent pas être à la mesure de son statut.

Sous un autre regard, on peut relever l'embarras de l'auteur de devoir se concentrer sur deux ordres juridiques apportant parfois des solutions pas exactement identiques à des situations de même nature. Il y a en effet, ici et là, une sorte de chevauchement presque constant entre le Code civil et la loi spéciale de 2023, auxquels il faut ajouter tous les textes sollicités dans l'analyse : la Constitution de 2020, le Code civil réformé, le Code de l'enfant, la Convention internationale sur les droits de l'enfant, la Charte africaine du bien-être et des droits de l'enfant, en plus de toute la réglementation antérieure convoquée pour mieux éclairer ou préciser.

Ce condensé de normes n'a pas pu toujours été exposé avec toute la minutie qu'il aurait fallu, à tel point qu'il pouvait arriver de chercher à identifier la règle applicable, essentiellement en raison de la variété des références en cause.

Il n'a pas non plus été constaté une inclusion même légère sur l'analyse des différents droits fondamentaux qui auraient pu servir de contrepoints face à cette floraison de textes.

Il reste que ces fêlures, vénielles dans une large mesure, n'ont pu affecter la valeur profondément positive de l'ouvrage.

Je demeure convaincu que Docteur Koïta a manifestement fait œuvre utile : ceux qui s'intéressent au droit de la famille, étudiants ou praticiens, auront du mal à se détacher de ce bréviaire.

Isaac Yankhoba NDIAYE
Professeur titulaire des Universités
Agrégé des Facultés de Droit
Doyen honoraire de la Faculté des Sciences juridiques et politiques de l'Université Cheikh Anta Diop de Dakar
Ancien Vice-Président du Conseil Constitutionnel
Président du Conseil d'Administration de l'École de la Magistrature

PRINCIPALES ABRÉVIATIONS

Anc. Ancien
Ass. Assemblée
C. civ. Code civil
CCJA Cour commune de justice et d'arbitrage
CGI Code général des impôts
CPCEA Code de procédure civile, économique et administratif
Chron. Chronique
Concl. Conclusions
D. Recueil Dalloz
Ed. Édition
Ex. Exemple
Ibid. Ibidem, au même endroit
In Dans
Infra Plus bas
JCP, éd. G Semaine juridique, édition générale
J.O Journal officiel
LGDJ Librairie générale de droit et de jurisprudence
Mél Mélanges
N Numéro
Obs. Observations
op. cit. Opere citato, dans l'ouvrage cité
p. Page

S.	Suivant (e) (s)
Supra	Ci-dessus
TGI	Tribunal de grande instance
TPI	Tribunal de première instance
V.	Voir

Sommaire

INTRODUCTION

1. Dans toutes les civilisations, la famille demeure la cellule de base. En Guinée, dans toutes les communautés, du temps des grands royaumes à nos jours, en passant par la période coloniale, la famille a toujours occupé la place majeure. Pour illustrer nos propos, qu'il soit permis de rappeler que suite à la bataille de Kirina en 1235, la Charte de Kurukan Fuga, élaborée par les vainqueurs, avait réparti le pouvoir et avait organisé la société mandingue, en se fondant sur les différentes familles qui la composaient. Exemple, l'article 8 de cette Charte, désigne la famille Kéïta comme roi de l'empire et l'article 43 fait de la famille Kouyaté médiateur principal du Manding[1].

2. Dans le Foutah théocratique du XVIIIe siècle aussi, la société était organisée suivant l'influence des familles, auxquelles un rôle et une activité professionnelle spécifique étaient attribués. La société comprenait les nobles, les hommes libres et les esclaves. Après le règne du roi Saïdou, Les familles Sorya et Alphaya régnaient sur le royaume par alternance de deux ans[2]. Le mariage était prohibé entre les membres de familles nobles et celles de caste[3].

---

[1] CELHTO, La Charte de Kurukan Fuga, aux sources d'une pensée politique en Afrique, L'Harmattan, 2008, voir aussi Siriman Kouyaté, La Charte de Kurukan-Fuga, Les Editions La Source, 2021.

[2] Pour plus de détails, voir J. K.- Zerbo, L'histoire générale de l'Afrique, Editions Hartier international, 1972.

[3] Les familles Barry, Diallo, Sow et Bah étaient considérées comme familles de la noblesse. Un membre de l'une de cette famille ne peut se

3. De nos jours encore, dans la société guinéenne, on peut constater l'importance majeure de la famille à l'occasion des différents événements. En effet, pendant les deux dernières décennies, les familles guinéennes, organisées sous forme de coordinations régionales, ont influencé la vie sociale, économique et même politique.[4] Il est arrivé que des coordinations régionales s'opposent farouchement à des décisions publiques ou judiciaires visant leurs membres, créant parfois une crise politique[5].

4. La formule populaire selon laquelle « *La Guinée est une famille* »[6], d'apparence banale, mais au contenu profond, a souvent permis de résoudre certaines crises entre coordinations régionales, mais aussi, d'autres entre un gouvernement national et une coordination régionale.

5. Le titre du présent manuel, « Droit guinéen de la famille », peut susciter un sourire dubitatif. Cette réaction du lecteur s'expliquerait d'abord par la matière elle-même, qui a conduit d'éminents juristes, comme Jean Carbonnier, à s'interroger sur le caractère juridique du droit de la famille, profondément ancré dans la morale[7]. Ensuite, présenter une matière complexe, avec l'ambition de

---

marier avec un membre d'une famille qui pratique un métier tel que la cordonnerie.

[4] La République de Guinée est composée de quatre grandes régions naturelles. Les familles se regroupent en fonction des régions naturelles sous l'appellation de coordination régionale.

[5] Voir par exemple « l'affaire : Ministère public contre Paul Moussa Diawara », ancien directeur général de l'Office guinéen de publicité, accusé de détournement de fonds publics, mais qui a été blanchi par un arrêt de la Cour suprême le 14 mai 2024, après avoir été condamné en premier instance et en appel.

[6] Nènè Moussa Maléya Camara, La Guinée est une famille, N. M. Camara, 1991.

[7] Jean Carbonnier, Droit et passion du droit sous la Ve République, Flammarion, 1996, p. 130.

dégager la singularité guinéenne, est une aventure risquée, dans laquelle, on pourrait se perdre entre le droit légiféré et le droit coutumier, souvent contradictoires devant un juge amorphe[8].

6. Enfin, le contexte politique dans lequel intervient le présent manuel, avec une transition militaire depuis le 5 septembre 2021, suite au coup d'État du Comité national de rassemblement pour le développement (CNRD), peut être une difficulté supplémentaire, dans la mesure où l'heure est à la refondation des institutions de la société guinéenne, à commencer par la famille, sa première cellule constituante. Le contexte juridique qui connaît la publication de l'avant-projet de la future Constitution, répétitive des lois fondamentales précédentes quant à la famille et la nouvelle loi spéciale n° L/2023/020/CNT du 25 octobre 2023, portant état civil en République de Guinée[9], n'allège pas la tâche.

7. Toutefois, ce sont ces difficultés qui rendent la mission exaltante. « *La complexité engendre un droit démesurément raffiné* »[10]. Pour y arriver, les remarquables œuvres des précurseurs en la matière, comme « *Le Droit de*

---

[8] Si l'Afrique s'inspirer souvent de l'Occident notamment pour son système judiciaire, elle peut aussi donner des exemples aux autres sur certaines questions de l'Humanité, comme l'a si bien démontré Professeur Alioune Sall dans son ouvrage : Singularité juridique africaine : Ce que l'Afrique apporte au droit, publié chez L'Harmattan en 2023.

[9] Voir le Journal officiel de la République de Guinée, 03 juillet 2024, numéro spécial 02-2024

[10] Darcy Gilles, « Elaborer la règle dans un système complexe », *in* Droit et complexité : Pour une nouvelle intelligence du droit vivant, (dir.) Doat M, Le Goff J et Pedrot Ph, Presses universitaires de Rennes, p. 15

la famille en Afrique noire et à Madagascar », du regretté Kéba Mbaye, seront d'une aide précieuse.

8. Considéré comme le père du droit africain des affaires harmonisée[11]s (OHADA), Kéba Mbaye, un des plus brillants esprits de la science juridique du continent africain, s'est beaucoup intéressé au droit de la famille.[12] La réflexion en droit de la famille pour nous autres humbles auteurs, pourrait conduire à suggérer des solutions aux préoccupations de notre société en pleine mutation, par l'effet d'une approche nouvelle, à travers notamment, la technologie numérique.

9. Avant d'étudier le droit guinéen de la famille, il convient de dire ce qu'il faut entendre par le concept de famille, de préciser le lien familial et de localiser ses sources.

10. Selon l'article 18 de la Constitution du 7 mai 2010, la famille est le fondement naturel de la vie en société et est protégée et promue par l'État. Cette affirmation est reprise par l'article 23 de la Constitution du 6 avril 2020 et par l'article 25 de la Charte de la transition politique du 27 septembre 2021, du Comité national du rassemblement pour le développement (CNRD), dirigé par le Général de Corps d'Armée, Mamadi Doumbouya, chef de l'État guinéen.

---

[11] Le Traité relatif à l'harmonisation du droit des affaires en Afrique a été signé à Port Louis (Ile Maurice), le 17 octobre 1993 et révisé à Québec (Canada), le 17 octobre 2008. Il comprend un espace de 17 pays.

[12] K. M'baye, Le Droit de la famille en Afrique noire et à Madagascar, éd. Maisonneuve et Larose, 1968

11. Ainsi, les lois fondamentales guinéennes ont toujours affirmé la valeur sacrée de la famille. D'ailleurs, l'article 14 de la Constitution de 2020, morte nourrisson le 5 septembre 2021, prévoyait que : « *toute personne a droit au respect de sa vie privée et familiale* ».

12. L'article 287 du Code civil prévoit aussi que : « *La femme concourt avec le mari à assurer la direction morale et matérielle de la famille, à pourvoir à son entretien, à élever les enfants et à préparer leur établissement* ». Selon l'article 294 du même code, « *les époux s'obligent mutuellement à une communauté de vie. La résidence de la famille est un lieu qu'ils choisissent d'un commun accord. En cas de désaccord, le litige est réglé par le conseil de famille et, à défaut, par le juge en tenant compte des intérêts supérieurs de la famille…* ». Mieux, en droit guinéen, l'abandon de famille est une infraction pénale. En effet, le législateur guinéen prévoit à l'article 369 du Code pénal que le père ou la mère qui abandonne la résidence familiale sans motif grave pendant plus de 2 mois est puni d'une amende de 500.000 GNF à 1.000.000 GNF.

13. Les articles précités montrent que les textes légaux guinéens organisent la famille. Toutefois, ils ne précisent pas sa notion. Ni le Code civil, ni le Code pénal, ni la Constitution ne disent à quoi renvoie le concept « *famille* ». Le Professeur Vincent Egéa de l'Université d'Aix-Marseille, n'a pas manqué de reconnaître la difficulté de définir la notion de « famille », en ces termes : « *La famille se révèle à la fois évidente et difficile à définir, ce qui place le droit dans une situation inconfortable* »[13].

[13] Vincent Egéa, Droit de la famille, 4e édition, Lexis Nexis, 2022, p. 1, n°1.

14. Les Professeurs Frédérique Granet et Patrice Hilt, justifient cette difficulté de définir la famille en affirmant que : « *La famille ne peut être définie en raison des mutations constantes qui l'affectent et de la grande diversité des situations qu'elle appréhende* »[14].

15. Il est permis de partager cette opinion des professeurs de l'Université de Strasbourg. En effet, la difficulté de définir la notion de « famille » peut s'expliquer par son caractère très flexible. La notion de « famille » renvoie à un concept évolutif avec une diversité de formes impossible à cerner les contours, pour un législateur. L'affirmation du Professeur Alain Bénabent, selon laquelle, « *les contours et la notion même de famille sont désormais moins rigides* » [15], peut être valable pour le système français, formé d'un seul ordre juridique, avec une jurisprudence dynamique et constructive.

16. Mais, la Guinée comme la majorité des pays africains, connaît l'existence de deux ordres juridiques : l'ordre juridique traditionnel, comportant les coutumes ancestrales et l'ordre juridique moderne, inspiré du Droit de l'ancienne puissance coloniale, la France. Cette situation juridique influence forcément la définition de la « famille », qui varie selon que l'on se fonde sur le droit traditionnel ou sur le droit moderne. Or, comme l'a écrit une Sénégalaise, « *l'étude de la notion de famille renvoie à son identification, plus précisément à sa définition* ».[16]

---

[14] Fr. Granet et P. Hilt, Droit de la famille, 4e édition PUG, 2014, p. 7, n° 1.

[15] Alain Bénabent, Droit de la famille, 6e édition, Précis Domat Droit privé, LGDJ, 2022, p. 15, n° 1.

[16] N'diaye N.C.M, « La notion de famille en droit sénégalais : réflexion sur l'approche d'un « Code de compromis », *in* Le droit africain à la quête de son identité, Mél. Prof. Isaac Yankhoba N'diaye, (Dir.) Diouf N, Niang M. B et Diouf A. A, L'Harmattan, 2021, p.891.

17. La conception traditionnelle de la famille renvoie à un groupe de personnes partageant le même ancêtre, la même résidence et les mêmes valeurs morales. Ces trois éléments non cumulatifs montrent que la famille traditionnelle n'est pas limitée au rapport de consanguinité ou d'alliance. Elle est susceptible de s'étendre à toute relation fondée sur l'un de ces critères. La conception traditionnelle de la famille est large, comparée à la notion moderne.

18. Du texte de l'article 287 du nouveau Code civil précité, il peut être déduit une conception moderne de la famille limitée au couple et à l'enfant, au cas échéant. Pour être plus explicite, qu'il soit permis de faire recours aux travaux de la doctrine africaine et française.

19. Pour définir la famille, de nombreux auteurs, à des nuances près, se fondent tous sur des éléments tels que la parenté, un acte juridique (mariage, adoption), ou un comportement (PACS, concubinage). La synthèse des propositions doctrinales sur la définition de la « famille » peut être formulée en ces termes : la famille est un groupe de personnes liées entre elles par la filiation ou par le mariage[17].

20. En effet, étymologiquement, le concept de « famille » vient du mot latin *familia, œ*[18]. En son sens initial, elle désignait l'ensemble des serviteurs vivant sous le même toit et sous la puissance du *pater familias*. Selon le

---

[17] Ph. Malaurie et H. Fulchiron, Droit civil, la famille, Defrénois, 2006, n° 4. ; A. Bénabent, Droit de la famille, Montchrestien, 2022, p. 17, n° 5 ; P. Courbe et A. Gouttenoire, Droit de la famille, Sirey, 2013, p. 1.
[18] V. Locutions latines juridiques, sous la direction de S ; Guinchard Dalloz 2012.

dictionnaire français, Le Petit Larousse, la famille est un « *ensemble formé par le père, la mère (ou l'un des deux) et les enfants* »[19].

21. La différence entre la conception large de la tradition et celle restreinte de la modernité sur le concept de « *famille* », tend à disparaître par l'effet de l'évolution de la mentalité et du mode de vie des Guinéens de plus en plus urbanisé, à l'instar des autres africains. En 1968, le regretté Kéba M'baye l'avait déjà fait remarquer dans son ouvrage précité[20].

22. En effet, depuis la colonisation de la Guinée par la France, la notion de famille évolue. Certes, aujourd'hui encore la conception patriarcale de la famille domine en Guinée, comme peut l'illustrer le fait que les enfants d'une femme mariée, portent le patronyme de son mari, ou le fait que la polygynie est tolérée et non la polyandrie.

23. Toutefois, la société guinéenne est de plus en plus influencée par des idées d'égalité de sexe et de promotion féminine, empruntées aux Occidentaux[21]. Les mouvements féministes secouent fort l'autorité suprême du mari, au point qu'il n'est plus légalement le chef de famille[22].

24. Aussi, le Code civil guinéen ne traite que de la famille fondée sur le mariage. Pourtant, dans la société guinéenne, on constate de plus en plus de famille hors

---

[19] Le Petit Larousse illustré, 2023, pages 485.

[20] K. M'baye, Le Droit de la famille en Afrique noire et à Madagascar, éd. Maisonneuve et Larose, 1968, p. 35.

[21] Nos propos sont à relativiser par la Charte de Kurunkan Fuga de 1236 qui exigeait d'associer la femme au pouvoir conformément à son article 16.

[22] L'ancien article 324 du Code civil prévoyait que le mari est chef de famille. Une règle abrogée par le nouveau Code civil de 2019.

mariage. Cette évolution des mœurs fait coexister différents modèles familiaux dans la société guinéenne d'aujourd'hui : la famille en mariage, la famille hors mariage, la famille monoparentale, la famille unilatérale, la famille recomposée. Toutefois, cette diversité de famille ne va pas jusqu'à la famille homosexuelle, car l'homosexualité connaît encore une réprobation sociale forte.

25. La famille est à la fois une réalité sociologique et économique, avant d'être juridique.

26. En effet, tout individu nait dans une famille pour plus tard en créer aussi. Les membres d'une famille, souvent structurés en tribu, voire en communauté, participent à la vie sociale de la nation à travers notamment, les cérémonies de mariage, de baptême des enfants ainsi que de funérailles.

27. Quant à l'aspect économique, il est établi que la famille constitue une unité de production de richesse. Les membres d'une famille constituent une main d'œuvre importante pour son enrichissement dans l'intérêt de tous. Même dans les zones urbanisées, la famille est considérée comme un lieu de mise en commun des ressources pour un intérêt commun. C'est ce qui explique qu'en Guinée, on rencontre de nombreux établissements commerciaux avec des enseignes « X et fils » ou « Y et frères ». Aussi, l'entraide familiale est un soutien financier majeur pour de nombreux Guinéens vivant dans la précarité économique. Il est souvent dit en Guinée qu'un membre d'une famille travaille pour que dix autres mangent. Avec l'expérience vécue en Europe pendant deux décennies, il est permis de dire qu'un Guinéen travaillant à l'étranger, envoie à sa famille restée sur le territoire, plus de la moitié de ce qu'il gagne comme revenus.

28. Enfin, sur le plan juridique, la reconnaissance de l'existence de la famille ne peut être contestée, mieux, le système guinéen en fait une institution fondamentale de la société. Toutefois, si dans certaines affaires contentieuses relatives au conflit foncier, la famille s'est vue reconnaître la qualité de partie au procès par des juges d'instance, le droit guinéen ne lui confère pas la personnalité juridique. Gérard Cornu[23], mais aussi Alain Bénabent, justifie cette difficulté de reconnaître la personnalité juridique à la famille, par sa « *composition trop mouvante... qui rend difficile l'identification précise de ses limites et par conséquent de ses membres* » [24] , même dans l'ordre juridique traditionnel. Professeur Judith Rochfeld a la même idée en expliquant aussi l'absence de personnification de la famille en droit positif par notamment la difficulté liée à la définition du groupe « *qui est, d'ailleurs, davantage un réseau de lien non choisi et prédéterminé qu'un groupe désiré* »[25].

29. Sans personnalité juridique reconnue et avec une diversité de modèles dans un système où deux ordres juridiques coexistent, le présent manuel s'est assigné quand même l'étude du droit guinéen de la famille.

30. Le droit de la famille est l'ensemble des règles qui régissent les rapports de famille. En réalité il existe deux types de rapports familiaux : les rapports patrimoniaux qui concernent les rapports purement financiers, la question relève du droit patrimonial de la famille comprenant les régimes matrimoniaux et les successions et les rapports

---

[23] G. Cornu, Droit civil- La famille, 9e adition, Domat Droit privé, Montchrestien, p. 10, n° 3.
[24] A. Bénabent, Droit de la famille, 6e édition, LGDJ 2022, p. 16, n° 4
[25] Rochfeld J, Les grandes notions du droit privé, Thémis droit PUF, 2011, p. 109, n° 19.

extrapatrimoniaux, qui sont les rapports personnels entre les membres de la famille. C'est le droit extrapatrimonial de la famille, qui en fait l'étude.

31. Les conflits familiaux relèvent de la compétence des juges d'instance statuant en matière civile. Ce sont précisément les tribunaux de première instance, pour les grandes villes et les justices de paix, pour les petites villes.

32. Quant au fondement du droit guinéen de la famille, il est ancré sur des valeurs morales[26] et religieuses, surtout celles de l'Islam, la religion majoritaire des Guinéens. C'est pourquoi, il est possible d'expliquer certaines pratiques sociales *contra-legem*, telle que la polygamie, par la grande influence de l'Islam sur le droit de la famille. L'auteur français, François Terré le souligne en ces termes : « *On sait encore à quel point peut être importante l'influence de la religion, y compris dans les systèmes laïcisés* ».[27]

33. Quant aux sources du droit guinéen de la famille, elles sont nationales et internationales. En effet, le droit guinéen de la famille est régi par les instruments juridiques nationaux, précisément la Constitution, le Code civil et le Code de l'enfant et la nouvelle loi sur l'identité civile. Le droit guinéen de la famille a aussi pour sources des normes internationales, telles que la Convention de New York du 20 novembre 1989 relative aux droits de l'enfant et la Charte africaine des droits et du bien-être de l'enfant de juillet 1990 (Addis-Abeba).

---

[26] G. Ripert, La règle morale dans les obligations civile, LGDJ, Collection Anthologie du droit, 2013 ; Voir aussi, Tardivel E, Morale et Droit, Editions Boleine, 2023.

[27] Terré F. Introduction générale au droit, Précis Dalloz, 9e édition, 2012, p. 51, n° 57.

34. Le nouveau Code civil a notamment pour finalité de rendre conforme le droit guinéen de la famille aux normes internationales ratifiées par la Guinée, mais aussi, à la pratique sociale. L'expérience du Code de l'enfant de 2008, a montré que lorsque la réforme n'est pas adaptée au mode de vie de la population, elle serait vaine, car les pratiques sociales prévalent sur les textes légaux. Comme l'a écrit un auteur, « *la loi est faite pour l'homme et non l'homme pour la loi* »[28]. D'ailleurs, le législateur guinéen, par un nouveau Code de l'enfant de 2020, a réformé le Code de l'enfant de 2008. Trois ans après le nouveau Code civil, la Guinée s'est dotée d'une loi spéciale, précitée, prétendue être sur l'état civil. Mais en réité, celle-ci vient concurrencer le Code civil de 2019 sur de nombreuses questions, telles que les fiançailles, le mariage et la filiation.

35. Ces nouvelles réformes sur la matière ont conduit à se poser la question de savoir quel droit de la famille a-t-il été consacré pour les citoyens guinéens ?

36. Pour répondre à cette question, une analyse des textes de loi et de la jurisprudence s'est avérée nécessaire. Il en résulte un constat d'un droit guinéen de la famille évolutif faisant un consensus entre le droit coutumier et le droit légiféré, inspiré du droit français. Ainsi, s'il ne peut revendiquer une originalité tranchée, force est de reconnaître au droit guinéen de la famille, quelques particularités sur certaines questions majeures de la matière. Pour le démontrer, le présent manuel portera naturellement sur le couple (première partie) et sur l'enfant (seconde partie).

---

[28] Pichot-Bravard, Ph, Le droit naturel, Via Romana, 2023, p. 43 ; Voir aussi, Bernard, B, Du positivisme au réalisme juridique, Editions Boleine, 2023.

PREMIÈRE PARTIE

LE COUPLE

37. Le couple constitue le pilier central pour bâtir la famille, cellule de base de la société. L'existence du couple remonte à la création de l'Humanité. À en croire aux religions monothéistes (Islam, Christianisme et Judaïsme), le premier couple a été formé par un homme appelé Adam et une femme nommée Ève. Aussi, dans son étude sur la sociologie du couple, Jean Carbonnier écrit qu'« *il semblerait naturel de commencer par Adam et Ève* »[29]. Quoi qu'il en soit, pour les monothéistes, il est de la nature humaine de vivre en couple. Il est dit dans la Tora, la Bible et le Coran, que l'Être humain est fait pour vivre en couple, d'où un adage populaire soussou : « *Seul Allah peut vivre solitairement* »[30].

38. La nécessité du couple pour la constitution d'une société humaine est affirmée par tous les scientifiques qui s'intéressent à la vie humaine, des sociologues aux juristes en passant par des anthropologues, même si les définitions sont différentes d'une matière à l'autre.

---

[29] Carbonnier J, Flexible Droit, pour une sociologie du droit sans rigueur, LGDJ, 10e édition, 2001.

[30] Dans la communauté soussou, située dans la région de la Basse Guinée, il est très mal vu de vivre seul.

39. Dans le langage courant guinéen, le mot couple peut être défini comme l'union de deux personnes de sexe opposé, fondée sur un sentiment d'amour ou d'affection et qui entretiennent des relations sexuelles.

40. Le Code civil guinéen ne définit pas la notion de « *couple* ». On ne peut en être surpris quand on sait que le droit civil français, sa principale source d'inspiration, a longtemps ignoré le mot couple.

41. En 1998, à l'occasion d'un colloque organisé sous la direction du Professeur Clotilde Brunetti-Pons, de l'Université de Reims, sur le thème : *« la notion juridique du couple »*, le regretté Professeur Philippe Malaurie, avait affirmé que, c'est le droit fiscal qui fit entrer en 1917 le mot couple dans le langage juridique [31] afin d'accroitre la rentabilité fiscale[32]. Toutefois, Professeur Malaurie n'avait pas rappelé la définition donnée au couple par le législateur fiscal français. Aussi, celui-ci ne s'intéresse qu'aux couples mariés, hors de nombreux couples vivaient déjà en dehors de tout lien fondé sur le mariage.

42. Pour le droit guinéen, la notion de couple est celle qui a été consacrée par la jurisprudence française à travers deux arrêts du 11 juillet 1989 de la chambre sociale de la Cour de cassation. Dans ces arrêts, la haute juridiction judiciaire française avait défini le mot couple comme : *« une relation d'affection stable entretenue par un homme et une femme »*[33]. Cette définition fondée sur la différence

---

[31] Cl. Brunetti-Pons, (sous Dir.), La notion juridique du couple, Economique, 1998.

[32] Ph. Malaurie, couple, procréation et parenté, *in* la notion juridique du couple, Economica, 1998, page 19, n° 9.

[33] Cass. Soc. 11 juillet 1989, D. 1990, page 582. Le législateur français avait entériné cette définition, notamment les lois de bioéthiques du 29 juillet 1994 à travers l'article L. 2141 du Code de la santé publique.

de sexe, conforme aux réalités sociales et culturelles de la Guinée, a été entérinée par la réforme du Code civil de 2019 à travers les dispositions de l'article 240, définissant le mariage, mais aussi, par la nouvelle loi spéciale n° L/2023/020/CNT du 25 octobre 2023, portant état civil en République de Guinée, à travers son article 117, selon lequel le mariage est prohibé entre les personnes de même sexe.

43. En effet, à l'occasion de la réforme du Code de 2019, le législateur guinéen est resté insensible à la loi française du 15 novembre 1999 relative au pacte civil de solidarité, prévoyant que deux personnes de même sexe peuvent aussi former un couple. Le législateur guinéen n'a pas été influencé non plus par la loi française du 17 mai 2013, ouvrant le mariage aux couples formés de deux personnes de même sexe.

44. Toutefois, si on peut comprendre que le législateur guinéen consacre une définition de couple fondée sur la différence de sexe, on peut être étonné qu'il ignore le fait que la société guinéenne d'aujourd'hui connaît deux types de couple : le couple marié et le couple non marié. Pourtant, le droit civil auquel appartient le droit de la famille devrait être conforme aux réalités sociales du moment. C'est pourquoi, il convient d'étudier le couple non marié (titre 2) après l'étude du couple marié (titre 1).

TITRE 1

LE COUPLE MARIÉ

45. En Guinée, le couple marié constitue le couple normal et légitime. Le charismatique Professeur Isaac Yankhoba Ndiaye, enseigne que : *« Le mariage reste encore le socle qui donne à la famille toute sa grandeur »*[34]. En effet, selon la mentalité guinéenne fortement influencée par les valeurs religieuses et morales, l'homme et la femme ne peuvent être unis que par le mariage. Le mariage reste le modèle familial de référence en Guinée. Selon l'Institut national des statistiques, en décembre 2017, 60 % des Guinéens en âge d'être mariés l'étaient[35]. Il existe en Guinée trois types de conjugalité : le mariage coutumier[36], le mariage religieux[37] et le mariage civil. Le premier,

[34] I. Y. N'diaye, « Le mariage à l'épreuve du droit traditionnel », Revue sénégalaise de droit, n° 36, jan-juin 2011, p. 30.

[35] Rapport de l'Institut National des Statiques, rédigé sur le thème : « Etat matrimonial et nuptialité », par Ibrahima Diallo et Mamadou Saliou Barry, publié par le Ministère le Ministère du plan et de la coopération.

[36] Pour une étude approfondie, voir notamment, Badji M, « Le mariage dans le droit traditionnel africain », *in* Le droit africain à la quête de son identité, Mél. Prof. Isaac Yankhoba N'diaye, (Dir.) Diouf N, Niang M. B et Diouf A. A, L'Harmattan, 2021, p. 133.

[37] Pour plus d'information sur le mariage religieux, précisement, selon la confession de l'Islam, voir par exemple, Abou Bakr Djaber Al-

célébré devant une autorité coutumière[38], est une union conjugale entre un homme et une femme conformément aux usages traditionnels[39]. Quant au deuxième type de mariage, il est célébré devant une autorité de culte religieux, selon la confession religieuse des futurs époux[40]. L'article 112 de la nouvelle loi spéciale n° L/2023/020/CNT du 25 octobre 2023, exige que le mariage célébré dans un lieu de culte ou tout autre lieu homologué, soit officié par une autorité religieuse ou coutumière habilitée. Professeur Ndiaye ne distingue pas le mariage coutumier du mariage religieux. Il écrit : « *le mariage coutumier est d'essence religieuse. On se marie selon la coutume de la même manière et pour les mêmes raisons que l'on va à l'église ou à la mosquée* »[41]. Qu'il soit permis de nuancer cette affirmation. Certes, une pratique religieuse, comme le mariage peut être considérée comme un fait religieux. Mais, en Guinée, les coutumes ayant précédé les religions monothéistes, il est compréhensible que le mariage religieux soit distingué du mariage coutumier. C'est pourquoi, un autre auteur sénégalais soutient que : *« Le recours aux formalités coutumières du mariage est d'abord la marque de l'individu à ses traditions* ».[42]

Djazaïri, La voie du musulman, Edition Dar El Fiker, 1992, pages 518 et suivantes

[38] Mara S, « Foudou » ou le mariage traditionnel malinké en Guinée, Essai, L'Harmattan Guinée, 2023

[39] V. R. Diallo, Réflexion sur la valorisation des usages du mariage chez les peuls de Guinée, mémoire de Master 2, sous notre direction, soutenu en juillet 2023 à UGLC-SC sous la présidence du Prof. Isaac Y. N'diaye

[40] Selon l'annuaire statistique de 2021, publié en novembre 2022, par l'Institut National de la Statistique, la population guinéenne comprend 89,1% de musulman, 6,8% de chrétiens, 1,6% d'animistes et 2,4% de personnes sans religion.

[41] I. Y. N'diaye, « Le mariage à l'épreuve du droit traditionnel », *op. cit.* p. 21.

[42] A. K. Boye, « Les mariages mixtes en droit international privé sénégalais, revue NEA-CREDILA, 1981, p. 51.

46. La législation civile guinéenne a toujours distingué le mariage civil du mariage coutumier et du mariage religieux. D'ailleurs, si le nouveau Code civil guinéen abroge l'obligation de faire précéder son mariage civil du mariage religieux, sous peine de sanction pénale,[43] il s'abstient d'organiser le mariage coutumier et le mariage religieux. Dès le lendemain de l'indépendance, un décret présidentiel du 3 mars 1961, relatif à la promulgation du Code civil guinéen, avait affirmé que : « *Depuis longtemps s'est avéré la contradiction entre l'unité réelle du pays et la diversité des coutumes civiles qui régissent les Guinéens... Désormais pour toutes les questions traitées dans ce code*[44] *les coutumes civiles et la législation française en vigueur au 30 septembre 1958*[45]*, n'ont plus force de loi. Seules s'appliqueront dorénavant les dispositions de ce code...* »

47. Ainsi, le Code civil guinéen ne traite que du mariage civil. Les mariages religieux et coutumiers sont désormais organisés par la nouvelle loi spéciale n° L/2023/020/CNT du 25 octobre 2023, portant état civil en République de Guinée. Selon l'article 113 de ladite loi, un mariage célébré dans un lieu de culte a une valeur juridique, sous réserve d'être transcrit dans les registres du centre de l'état civil. Mais, cette loi par son article 259, sanctionne le défaut de transcription à l'état civil d'une amende de 500.000 GNF à 1.000.000 GNF. En cas de cas

---

[43] L'article 202 de l'ancien Code civil disposait que : « *Le mariage civil doit précéder obligatoirement le mariage religieux. Toute infraction aux présentes dispositions entraînera l'application d'une peine de 3 mois à 1 an d'emprisonnement* ». Voir B. Baldé, « De la reconnaissance juridique du mariage religieux », revue JuriGuinée, n° 2, 2014.

[44] Le Code civil guinéen, était dénommé à l'époque « *le Code des personnes et des libéralités* ».

[45] L'ordonnance n° 001/PRG/58 du 3 octobre 1958, avait maintenu l'application du Code civil français sur le territoire guinéen.

de récidive, l'autorité de culture ou coutumière encourt une peine d'emprisonnement de 1 à 3 mois et l'amende fixée au double. L'article 240 du Code civil définit le mariage en ces termes : « *Le mariage est l'acte civil public et solennel par lequel un homme et une femme établissent entre eux une union légale et durable, dont les conditions de formation, les effets et la dissolution sont déterminés par le présent code* ». S'il faut saluer l'effort de définition du mariage du Code civil, il est permis de regretter la formule. En effet, l'exigence du caractère durable pourrait poser problème pour sa définition. Mais aussi, un mariage éphémère demeure tout de même un mariage, s'il a été valablement formé. C'est à raison donc que la nouvelle loi spéciale n° L/2023/020/CNT du 25 octobre 2023, ne fait pas référence à la durée dans sa définition contenue dans les dispositions de l'article 3 selon lequel le mariage est une « *union solennelle entre un homme et une femme qui expriment publiquement leur consentement libre et éclairé à faire vie commune et à respecter les droits et obligations liées à cet état civil, qui leur sont conférés par la loi* ». En effet, le mariage peut être défini comme un acte juridique solennel par lequel un homme et une femme décident librement de s'unir et d'adhérer à un statut légal préétabli, celui des personnes mariées. Ainsi, le mariage civil a non seulement la nature d'un contrat, car il est formé par l'accord commun des époux, mais aussi, d'une institution, au sens où les époux adhérent à un statut préétabli par la loi. Le couple civilement marié sera étudié à travers les trois moments de sa vie : sa formation, (chapitre 1), son vécu, (chapitre 2) et sa fin, (chapitre 3).

CHAPITRE 1

LA FORMATION DU COUPLE MARIÉ

48. Le chapitre II du titre VI du premier livre du Code civil guinéen est intitulé « *du lien matrimonial et des conditions requises pour contracter mariage* ». Dans ce chapitre, à côté de l'âge et du consentement, le Code civil guinéen de 2019 confirme le paiement de la dot comme une condition de formation du mariage à travers les dispositions de l'article 248, alinéa 1er, selon lequel « *Le mariage est subordonné au paiement de la dot. Celle-ci est à la charge du futur époux. Elle est symbolique et peut être en nature ou en argent* »[46]. L'alinéa 2 du même article précise qu'« *elle est remise à la future épouse et n'est, en aucun cas, remboursable* ».[47] La nouvelle loi spéciale n° L/2023/020/CNT du 25 octobre 2023, portant état civil en République de Guinée, à travers son article 111, tout en rappelant le caractère obligatoire et symbolique de la dot, contredit le nouveau Code civil, en disposant que la dot est remboursable lorsque le mariage n'a pas été consommé du fait de l'épouse.

---

[46] Voir M. S. Condé, La dot en Droit guinéen, mémoire soutenu en 2021 sous notre direction à l'UGLC-SC.

[47] Dans d'autres sociétés, comme celles des Comores, de l'Inde ou de la France au XIXe siècle, il revient à la famille de la femme de payer la dot à son futur mari. Voir Laroche-Gisserot F, Pratique de la dot en France au XIXe siècle, www.persee.fr.

49. Au moment de la célébration du mariage, qu'il soit coutumier, religieux ou civil, l'autorité investie de ce pouvoir, demande aux futurs mariés, s'ils ont réglé la question de la dot[48]. L'article 211 de l'ancien Code civil exigeait la justification du règlement de la dot parmi les pièces à fournir pour le mariage. L'article 305 du même code prévoyait la nullité du mariage comme sanction du non-respect du paiement de la dot[49]. L'effet était donc l'anéantissement rétroactif du mariage. La femme pouvait opter pour le divorce, sanction beaucoup moins grave que la nullité, sur le fondement de l'article 343 du Code civil ancien aux termes duquel : « *La femme pourra encore demander le divorce pour défaut de paiement de la dot* ». L'alinéa 2 de l'article 111 de la nouvelle loi spéciale n° L/2023/020/CNT du 25 octobre 2023, portant état civil en République de Guinée, précise que « *le montant de la dot est fixé d'un commun accord par les futurs époux* ».

50. Dans la pratique, le défaut de paiement de la dot est plutôt rare. Ce qui peut expliquer que le nouveau Code civil et la nouvelle spéciale observent un silence sur le défaut de paiement de la dot et qu'ils soient plus sobres sur la question, par opposition à l'ancien code qui lui avait consacré 9 articles. Ce qui n'est pas rare, c'est le mariage forcé. Pourtant, étant un acte juridique, la formation du mariage nécessite l'accord des volontés des futurs époux (section 1). Toutefois, le mariage est aussi une institution, par conséquent, pour sa formation une formalité précise est également exigée (section 2).

[48] Dans le droit sénégalais par exemple, la dot est une condition facultative de formation du mariage conformément aux dispositions de l'article 116 du Code de la famille.
[49] Voir aussi Condé **S,** La dot en droit guinéen, mémoire soutenu sous notre direction à l'Université Général Lansana Conté Sonfonia Conté, en 2021

Section 1 — Le mariage, acte de volonté

51. Les Professeurs Philippe Malaurie et Hugues Fulchiron, écrivent : « *de tous les grands actes qui jalonnent une vie, aucun n'est plus important que le mariage* »[50]. En effet, si la famille est considérée comme la cellule de base de la société, le mariage est cette institution d'où elle tire sa légitimité. La nature du mariage évoquée ci-dessus a fait l'objet d'une controverse entre les partisans de l'analyse contractuelle et ceux pour le mariage institutionnel. Toutefois, pour la majorité des auteurs, « *le mariage est un acte juridique de nature complexe, à la fois contrat et institution* »[51].

52. Il est question ici du mariage civil, organisé dans le Code civil. Pour le mariage coutumier ou le religieux, le débat sur la question de sa nature demeure difficile à trancher, surtout pour le premier. En effet, à travers un mariage coutumier, c'est l'alliance de deux clans ou de deux communautés qui est faite. Le couple marié apparait comme un simple trait d'union entre deux clans ou deux communautés. Le mariage coutumier ambitionne un pacte de non-agression ou une convention de bienveillance réciproque entre deux communautés.

53. Or, selon les dispositions de l'article 273 du Code civil, un individu peut attaquer son mariage en nullité pour violation de la règle relative au consentement. Il en résulte donc que pour le mariage civil, la volonté des futurs époux joue un rôle déterminant dans sa formation. La règle relative au consentement prévue par l'article 242 du Code

---

[50] Ph. Malaurie et H. Fulchiron, Droit de la famille, 8e édition, LGDJ, 2022, p. 79.
[51] Fr. Chénedé, (sous la dir.), Droit de la famille, 9e édition, Dalloz Action 2023-2024, p. 29, n° 110.13

civil précise que le consentement des époux doit être libre (§1) et non vicié (§2).

§1 — La liberté matrimoniale

54. Le principe qui gouverne la formation du mariage est celui de la liberté du mariage ou liberté matrimoniale. La liberté matrimoniale est un principe de valeur constitutionnelle. C'est un prolongement de la liberté individuelle affirmée par les textes internationaux, Exemple, l'article 16 de la Déclaration universelle des droits de l'Homme selon lequel : « *À partir de l'âge nubile, l'homme et la femme, sans aucune restriction quant à la race, la nationalité ou la religion, ont le droit de se marier et de fonder une famille* »[52]. La Charte africaine des droits de l'Homme et des peuples ne traite pas expressément du mariage. Son article 18 paragraphe 1 se limite à dire que : « *La famille est l'élément naturel et la base de la société. Elle doit être protégée par l'État qui doit veiller à sa santé physique et morale* ». On peut expliquer ce silence sur le mot « mariage », par le fait que les Africains ne conçoivent qu'un seul moyen pour fonder la famille : le mariage.

55. Il n'existe pas de décision de la Cour constitutionnelle confirmant la valeur constitutionnelle du principe de la liberté matrimoniale dans le Droit guinéen légiféré. Toutefois, il faut reconnaître l'existence de la liberté matrimoniale sous trois formes : la liberté de se marier (A), la liberté de ne pas se marier (B) et la liberté de se marier avec la personne de son choix (C).

---

[52] A. Bénabent, « La liberté individuelle et le mariage », RTD civ. 1973, p. 440

A- La liberté de se marier

56. La liberté de se marier signifie que tout individu bénéficie d'une liberté pour s'engager dans un lien de mariage. Autrement dit, tout individu peut adhérer au statut de personne mariée. Toutefois, comme les autres libertés, la liberté de se marier n'est pas absolue. L'organisation de la société avec des valeurs morales entraîne des limites à la liberté de se marier posées par le législateur (1). Aussi, la liberté de se marier peut connaitre des atteintes de la part des personnes privées (2).

1. Les restrictions légales à la liberté de se marier

57. Si la liberté de se marier est pour tous sans aucune discrimination, il est nécessaire de remplir certaines conditions notamment, l'âge requis (a) et le principe de la monogamie (b).

a. L'âge matrimonial prévu

58. L'article 241, alinéa 1er Code civil dispose « *les garçons et les filles de moins de 18 ans ne peuvent contracter mariage* ». Ainsi, 18 ans est la majorité matrimoniale, c'est-à-dire, l'âge minimum requis par le législateur pour pouvoir se marier. Pour de nombreux auteurs, comme les Professeurs Patrice Hilt et Frédérique Granet, « *il s'agit là d'une condition physiologique puisque son respect permet de garantir la maturité physique des candidats au mariage, c'est-à-dire leur puberté* »[53]. En effet, la procréation est la finalité du mariage dans la conception guinéenne. Ce seuil de l'âge minimum était fixé à 17 ans pour les femmes et 18 ans pour les garçons par l'article 280, alinéa 1er du Code civil ancien. La réforme du Code civil de 2019 a égalisé le seuil de l'âge matrimonial à

[53] Fr. Granet et P. Hilt, Droit de la famille, 4e édition PUG, 2014, p. 26, n° 35.

18 ans pour tous. Si la réforme de 2019 n'est pas conforme à la pratique sociale consistant à marier de nombreuses jeunes filles avant l'âge de 18, elle a le mérite de mettre fin à l'inégalité des sexes quant à la majorité matrimoniale. Aussi, désormais la majorité matrimoniale coïncide avec la majorité civile ramenée de 21 ans à 18 ans.

59. Le législateur guinéen en exigeant un âge minimum pour pouvoir se marier fait une restriction à la liberté de se marier parce que la femme et l'homme sont empêchés de se marier tant qu'ils ne célèbrent pas le 18e anniversaire. La condition d'âge est vérifiée par l'officier de l'état civil à travers les actes de naissance contenus dans le dossier conformément aux dispositions de l'article 250 du Code civil en vigueur. Le même âge de 18 ans est exigé par la nouvelle loi spéciale n° L/2023/020/CNT du 25 octobre 2023, portant état civil en République de Guinée, pour le garçon et la fille candidats au mariage à célébré dans un lieu de culte.

60. Le manquement à la règle relative à l'obligation de l'âge minimum est sanctionné par la nullité conformément à la règle de l'article 305 ancien du Code civil devenu article 273 du nouveau Code civil et conformément l'alinéa 2 de l'article 117 de la nouvelle loi spéciale du 25 octobre 2023, précitée.

61. Toutefois, l'alinéa 2 de l'article 241 prévoit une dispense d'âge pour des motifs graves. Ainsi, une personne âgée de moins de 18 ans peut se marier, mais à condition d'obtenir du président du tribunal de la célébration du mariage une dispense d'âge pour motif grave. Pour une femme, la grossesse peut être considérée comme un motif grave. Elle démontre que la puberté de la femme est satisfaisante. Quant à l'homme, il est un peu plus difficile de lui trouver des motifs graves de manière objective. La

dispense d'âge est prononcée par ordonnance après avis de Monsieur le Procureur de la République. Ainsi, le nouveau Code civil allège la procédure par rapport à l'ancien Code civil. En effet, selon son article 280, alinéa 2, la dispense d'âge était accordée par décret présidentiel après un rapport du ministre de la Justice, suite à la saisie du procureur de la république ou du président de juridiction, avec l'intervention du procureur général.

62. Mais même avec la dispense d'âge accordée par le président de sa juridiction, le mineur a besoin du consentement de son père ou de sa mère pour contracter le mariage en application de l'article 243 du nouveau Code civil. L'objectif est de protéger les mineurs.

63. Si le Code civil et la loi spéciale du 25 octobre 2023 prévoit une majorité matrimoniale, ils ne fixent aucun âge maximum pour pouvoir se marier. Contrairement à l'ancien Code civil, les nouveaux textes de loi n'exigent pas un maximum d'âge entre les futurs époux. Par conséquent, une personne âgée peut se marier avec une autre personne de sexe opposé, peu importe l'écart d'âge. Autrement dit, en droit guinéen de la famille, un homme de 70 ans peut valablement se marier avec une femme de 20 ans.

b. La consécration de la monogamie

64. L'article 315 du Code civil ancien prévoyait que « *la pratique de la polygamie est interdite à toute personne de nationalité guinéenne et demeure proscrite sur toute l'étendue du territoire de la République* ». Ce texte posait le principe du mariage monogamique pour tous les Guinéens et pour toute personne résidant en République de Guinée. Dans la pratique, cette règle de l'interdiction de la polygamie sur le territoire guinéen et aux Guinéens où qu'ils se trouvent, n'était pas respectée. Le législateur

guinéen avait omis que les systèmes de Droit musulman autorisent la polygamie à leurs citoyens. Le législateur guinéen avait oublié aussi que l'interdiction de la polygamie est *« une clé de voûte de la civilisation européenne »*[54], *qui nous vient directement du droit romain, en passant par le droit canonique »*.[55]En effet, comme l'a écrit le Professeur Alain Bénabent, *« la civilisation occidentale impose la monogamie comme un principe fondamental qui ne paraît pas lié à la christianisation puisqu'il était déjà reçu avant celle-ci en droit romain »*[56]. Or, la République de Guinée, même si elle affirme dans ses lois fondamentales qu'elle est laïque, demeure un pays très islamisé avec une civilisation fondée sur des valeurs traditionnelles ancestrales. Par conséquent, une règle interdisant la polygamie rencontrera forcément la résistance sociale, même si elle est assortie de quelques exceptions[57].

65. L'article 281, alinéa 1e, du nouveau Code civil a repris le même principe de la monogamie, mais limité aux citoyens guinéens. Autrement dit, le principe est la prohibition de la polygamie de manière générale. C'est-à-dire sont interdites tant la polygynie, qui est le fait pour un homme d'avoir plusieurs épouses simultanément que la polyandrie, le fait pour une femme d'avoir en même temps plusieurs maris. Plus réaliste, le nouveau Code civil permet désormais au futur mari d'opter pour la polygamie si la future mariée est d'accord. L'article 282 dudit code permet le changement du régime matrimonial de la monogamie en

---

[54] La formule est attribuée à Jean Carbonnier par le Professeur Vincent bonnet, voir la référence qui suit.

[55] V. Bonnet, Droit de la famille, Paradigme, Bruylant, 2023, p. 275, n° 413.

[56] A. Bénabent, Droit de la famille, 6e édition, LGDJ 2022, p. 46, n° 36

[57] L'article 317 de l'ancien Code civil prévoyait 5 exceptions au principe de la prohibition de la polygamie, notamment, pour des raisons médicales, pour les veuves mères et pour les femmes âgées de 45 ans.

polygamie pour des raisons graves, par décision du président du tribunal sur requête.

66. La bigamie, qui est le fait d'avoir deux conjoints simultanément, est sanctionnée civilement par la nullité relative sur le fondement de l'article 276 du nouveau Code civil et l'article 106 de la nouvelle loi spéciale n° L/2023/020/CNT du 25 octobre 2023. La nullité est ouverte pour le mari et pour la femme. C'est la grande innovation de la réforme quant à la question. En effet, l'ancien Code civil, à travers son article 309, ne prévoyait la nullité comme sanction de la bigamie que lorsqu'il s'agissait de celle qui était pratiquée par la femme. La bigamie ne constitue plus une infraction pénale depuis l'abrogation de la règle de l'article 318 de l'ancien Code civil qui prévoyait 5 à 10 ans d'emprisonnement et 500 à 5 000 francs guinéens d'amende.

2. Les atteintes privées à la liberté de se marier

67. C'est à travers des clauses de célibat (a) ou de viduité (b) que certaines personnes portent atteinte à la liberté de se marier.

a- La clause de célibat

68. La clause de célibat est une règle conventionnelle insérée dans un acte juridique par laquelle les droits que l'acte confère à une personne sont subordonnés à la condition qu'elle demeure célibataire. Exemple, un individu fait une donation d'un immeuble à une personne à condition que celle-ci ne se marie jamais. Un autre exemple en matière professionnelle, un employeur qui prévoit dans les contrats de travail, l'interdiction à ses salariés de se marier. Selon le Professeur Alain Bénabent, les clauses de célibat ne « *constituent pas un obstacle total au mariage qui demeure valable, mais elles exercent une pression sur*

l'individu en le contraignant à choisir entre le mariage et les avantages qu'il tire de l'acte »[58].

69. De son effet, la clause de célibat constitue une atteinte à la liberté de se marier. C'est pourquoi la question de sa validité se pose. Plutôt rare dans la pratique guinéenne où le mariage est perçu comme une institution fondamentale de la vie, la clause de célibat n'est pas réglementée. Aussi, la passivité de la jurisprudence guinéenne ne permet pas d'avoir une idée sur la position du Droit guinéen. Il est permis de dire que la clause de célibat est en principe valable. Elle sera nulle si elle est inspirée par un mobile illégitime, comme la jalousie.

b. La clause de viduité

70. La clause de viduité est insérée dans une donation ou dans un legs. Elle stipule que le donataire ou le légataire ne pourra bénéficier de la libéralité s'il se remarie[59]. Souvent appelée « *clause du mari jaloux* », elle a pour objet de faire accepter par une femme de s'abstenir de se remarier après le décès de son mari en contrepartie d'un avantage matériel. Dans la société guinéenne, la clause de viduité est très rare, voire inexistante. Ce qui est plutôt fréquent est la pratique du lévirat. En effet, selon de nombreuses coutumes guinéennes, une veuve doit épouser un frère de son mari[60]. En principe, il revient au plus jeune des frères de remarier la veuve et de prendre en charge ses enfants, qui auront les

---

[58] [58] A. Bénabent, Droit de la famille, 6e édition, LGDJ 2022, p. 40, n° 29.

[59][59] V. Huet, « les atteintes à la liberté nuptiale dans les actes juridique », RTD civ. 1967, 45.

[60] Dans la communauté peule, la pratique du lévirat est dénommé *romougol*. Pour plus de renseignements sur le mariage chez les peuls voir, Diallo R, Réflexion juridique pour la valorisation des usages du mariage chez les peuls de Guinée, mémoire soutenu sous notre direction à l'UGLC-SC, 2023.

mêmes droits et devoirs chez lui que ses propres enfants. Dans certaines familles, la pratique du lévirat est une obligation. La veuve et son beau-frère sont contraints de se marier, de consommer le mariage et de respecter tous les autres effets qui en découlent. Dans d'autres familles, avec l'influence de la modernité, la veuve bénéficie d'une option. Elle a le choix de se marier à un frère de son défunt mari ou de quitter la famille et de se remarier à une personne extérieure. Dans le second cas, le plus souvent, elle se voit exclure de la succession de son défunt mari, lorsqu'elle n'est pas très lésée par rapport à la part que devrait lui revenir[61]. La nouvelle loi spéciale n° L/2023/020/CNT du 25 octobre 2023 par son article 118 interdit les empressements les mariages forcés notamment, « *particulièrement imposés par les familles et ceux résultant des règles coutumières qui font obligation au conjoint survivant d'épouser l'un des parents du défunt* ».

B. La liberté de refuser le mariage

71. La liberté du mariage implique également que l'un des futurs époux puisse changer d'avis jusqu'à la célébration. Ainsi, un individu peut rompre librement sa promesse de mariage. Aussi, les fiançailles ne peuvent avoir pour effet de l'obliger à s'engager dans le mariage. Si les simples promesses sont dépourvues de force obligatoire, on ne pouvait dire autant des fiançailles avec la réforme du Code civil de 2019. La nouvelle loi spéciale n° L/2023/020/CNT du 25 octobre 2023, portant état civil en République de Guinée semble revenir au régime juridique avant la réforme de 2019. Il convient de faire des observations sur la nature des fiançailles (1), avant de préciser les effets juridiques qui en découlent (2).

[61] Lamine Touré, le droit de la veuve dans la masse successorale en droit guinéen, mémoire soutenu sous notre direction, à l'Université Général Lansana Conté, en 2018.

1. La nature juridique des fiançailles

72. L'article 239, alinéa 1e du nouveau Code civil prévoit « *les fiançailles sont une convention solennelle par laquelle un homme et une femme se promettent mutuellement mariage* ». Selon le Code civil guinéen de 2029, les fiançailles sont un acte solennel entre un homme et une femme ayant pour objet l'engagement réciproque de se prendre pour femme et mari. Pour le Code civil de 2029, les fiançailles ne constituent plus un simple fait auquel on attache quelques effets juridiques, dans certaines circonstances, comme la responsabilité civile pour rupture abusive.

73. La nature juridique des fiançailles selon le Code civil de 2029 est claire. En effet, il les qualifie de manière expresse de convention solennelle. Or, un acte juridique est dit solennel lorsque pour sa validité, il requiert certaines formalités précises. Aussi, pour la formation des fiançailles, le Code civil exige en plus du consentement des fiancés, qu'ils remplissent les conditions du mariage, mais aussi, que la convention se passe en « *présence de deux témoins au moins pour chaque fiancé et d'un représentant de chaque famille* ». Par conséquent, pour le Code civil de 2019, les fiançailles ont la nature d'un acte juridique solennel, comme il la prévoit. Quant à la nouvelle loi spéciale n° L/2023/020/CNT du 25 octobre 2023, portant état civil en République de Guinée, son article 91, alinéa 1er dispose « *les fiançailles sont une promesse réciproque d'un homme et d'une femme, âgés d'au moins de 18 ans révolus, disposant de capacités leur permettant d'émettre leur consentement libre et éclairé, de s'engager prochainement dans les liens du mariage, en accord avec leurs familles respectives* ». Cette règle semble ne pas distinguer les fiançailles d'une simple promesse de mariage. Toutefois, sont article 92, alinéa 1er prévoit que « *la convention est*

passée en présence de deux témoins au moins pour chaque fiancé et d'un représentant de chaque famille ». Par cette formulation, le législateur guinéen, confirme, implicitement, mais nécessairement, à travers la loi spéciale du 25 octobre 2023, que les fiançailles constituent un acte solennel. Au délai, d'une règle relative à la preuve, les dispositions de l'article 92, alinéa 1er, précité, sont celles qui nous enseignent sur la nature juridique des fiançailles. Décider autrement serait méconnaître l'existence dans la pratique sociale, d'autres formes de promesse de mariage, en dehors des fiançailles, telle qu'une promesse légère de mariage.

2. Les effets juridiques de la rupture des fiançailles

74. L'alinéa 6 de l'article 239 dispose *« les promesses de mariage ou fiançailles ne rendent pas le mariage obligatoire…* ».[62] Le législateur guinéen pose ainsi comme principe la liberté de rompre les fiançailles, confirmé par l'alinéa 1er de l'article 94, de la loi spéciale du 25 octobre 2023, en ces termes : « *chacun des fiancés a le droit de rompre unilatéralement les fiançailles* ». Il en résulte que le fiancé délaissé ne peut intenter une action en justice contre l'autre au seul motif que celui-ci ne veut plus honorer son engagement. Le refus de procéder à la célébration du mariage n'engage pas de plein droit la responsabilité du fiancé récalcitrant et n'entraîne pas automatiquement sa condamnation à payer des dommages et intérêts. La nature de la convention de fiançailles et le régime juridique qui en découle quant à la responsabilité civile peuvent être contradictoires lorsque les fiançailles ont un terme. En effet, dans la mesure où un acte solennel a un effet obligatoire, le non-respect du terme des fiançailles ne peut être sans sanction juridique en cas de rupture unilatérale d'un fiancé.

[62] Article 286, alinéa 2 du Code civil ancien

75. Étant une convention solennelle et si les fiancés ont prévu un terme, les fiançailles la rupture unilatérale devrait être sanctionnée par la responsabilité civile contractuelle. Autrement dit, le fiancé qui ne respecte pas son engagement avant le terme commet une faute civile contractuelle à l'égard de l'autre fiancé. Celui-ci devrait obtenir des dommages et intérêts par une action en responsabilité civile. Les seules circonstances dans lesquelles le fiancé récalcitrant peut voir sa responsabilité civile engagée selon le nouveau Code civil et la loi spéciale du 25 octobre 2023 est une maladresse législative, une incohérence légale évidente.

76. En effet, selon l'alinéa 6, de l'article 239 dans son second volet « ... *cependant, la rupture abusive des fiançailles peut donner lieu à réparation* ». Cette exception légale correspondait à l'ancienne nature juridique des fiançailles : le fait juridique. Dans l'état actuel du droit réformé en 2019 et en 2023, il est inconcevable de dire qu'une personne qui signe une convention solennelle à terme devant des témoins peut librement se désengager sans faute susceptible de dommages et intérêts pour sa victime. Certes, les fiançailles ne rendent pas le mariage obligatoire comme le prévoit l'article précité, mais la rupture unilatérale des fiançailles avant terme devrait entrainer des dommages et intérêts au profit du fiancé délaissé.

77. Le fiancé délaissé doit prouver d'abord l'existence des fiançailles à travers notamment l'audition des témoins, puis l'existence des conditions de la responsabilité civile : une faute et un préjudice (matériel ou moral), consécutif à cette faute. Le préjudice matériel résulte des pertes financières subies par le fiancé délaissé. Cette perte pouvant être occasionnée par les frais engagés en vue de la cérémonie, les frais d'installation d'un nouveau logement

ou l'abandon d'un emploi. Quant au préjudice moral, il est lié au chagrin éprouvé ou la déprime du fait de la rupture, ou bien résulte de l'atteinte portée à la réputation ou à l'honneur vis-à-vis de l'entourage. Le préjudice moral est plus important, car il ne s'agit pas d'une simple promesse restée secrète, mais des fiançailles qui, le plus souvent, font l'objet d'une publicité et parfois, la fiancée est abandonnée avec un enfant né ou à naître. L'alinéa 4 de l'article 94 de la nouvelle loi spéciale n° L/2023/020/CNT du 25 octobre 2023, portant état civil en République de Guinée, précise les critères de la rupture abusive des fiançailles susceptible de réparation.

78. Ainsi, pour la rupture abusive des fiançailles ou des fiançailles à terme, le demandeur pourra obtenir le versement de dommages et intérêts. Si l'alinéa 1er de l'article 95 de la nouvelle loi du 25 octobre 2023, prévoit que : « *sont solidairement tenus au paiement des dommages et intérêts, les personnes qui, d'une manière quelconque, ont provoqué la rupture fautive des fiançailles* », l'alinéa 2 du même article précise qu'« *en aucun cas, les dons ou présents offerts pendant les fiançailles ne peuvent faire l'objet d'un remboursement ou d'une indemnisation* ». Cette règle qui pose un principe absolu de non-restitution des dons à l'occasion des fiançailles est contestable. En effet, la rupture des fiançailles devrait donner lieu à des restitutions entre ex-fiancés lorsque les biens étaient donnés aux futurs époux aux fins du mariage, tels que des bijoux de famille qui ont une valeur symbolique.

C. La liberté de choisir son conjoint

79. Le troisième attribut de la liberté matrimoniale, après celui de la liberté de se marier et de ne pas se marier, est la liberté de choisir son conjoint. Ainsi, lorsqu'un individu décide de se marier, il est libre de le faire avec la

personne de son choix. Toutefois, ce principe connait des atteintes légales (1), mais aussi d'ordre privé (2).

1. Les restrictions légales à la liberté de choisir son conjoint

a- La différence de sexe exigée pour le mariage

80. L'article 240 du nouveau Code civil dispose « *le mariage est l'acte civil public et solennel par lequel un homme et une femme établissent entre eux une union légale et durable, dont les conditions de formation, les effets et la dissolution sont déterminés par le présent code* ». Ainsi, le législateur civil guinéen prévoit de manière expresse et claire que le mariage est célébré entre deux personnes de sexe opposé. Par conséquent, le nouveau Code civil et la nouvelle loi spéciale du 25 octobre 2023 affirment la prohibition du mariage homosexuel. L'ancien Code civil n'annonçait pas de manière expresse la différence de sexe entre les futurs époux comme condition pour contracter le mariage. Mais elle pouvait se déduire de l'ensemble des dispositions formant et organisant la vie du couple marié. Aussi, l'homosexualité est considérée dans le Droit guinéen comme une infraction pénale, prévue et sanctionnée par l'article 274 du Code pénal et par l'article 117 de la nouvelle loi spéciale n° L/2023/020/CNT du 25 octobre 2023, portant état civil, qui après avoir précisé que le mariage est prohibé entre les personnes de mêmes sexes, dispose qu' : « *est également prohibé, tout mariage qui enfreint les valeurs sociétales du pays.*

Tout mariage célébré en violation de la présente disposition est nul et de nul effet et expose les contrevenants à des sanctions pénales ».

b. L'inceste interdit pour le mariage

81. L'article 247 du nouveau Code civil guinéen dispose « *le mariage est prohibé :*

1. en ligne directe, entre ascendants et descendants légitimes ou naturels et alliés dans la même ligne ;

2. en ligne collatérale, entre frères et sœurs légitimes ou naturels, entre l'oncle et la nièce, la tante et le neveu. »

82. Ainsi, le Code civil empêche le mariage entre des personnes qui ont un lien de parenté ou d'alliance. C'est l'interdiction de l'inceste. L'empêchement est absolu, c'est-à-dire n'est susceptible d'aucune dispense. Il n'est donc pas possible à un homme de marier sa fille ou à une grand-mère d'épouser son petit-fils. Le mariage est prohibé en ligne collatérale aussi entre frère et sœur, entre oncle et nièce et entre tante et neveu. L'alliance crée également un empêchement au mariage entre alliés. Un homme ne peut épouser la femme de son fils. La nouvelle loi spéciale n° L/2023/020/CNT du 25 octobre 2023, portant état civil en République de Guinée va beaucoup plus loin que le Code civil dans la prohibition du mariage aux personnes liées par alliance du fait du mariage. Par exemple, elle interdit à un homme de se marier avec une ancienne épouse de son fils.

83. La prohibition légale de l'inceste se justifie par des raisons médicales. Il est établi qu'il existe un risque de mal formation des enfants nés d'une union consanguine. La prohibition légale de l'inceste se justifie aussi par des raisons d'organisation de la société fondée sur la morale. L'interdiction de l'inceste oblige à faire des mariages d'ouverture aux autres. Elle prévient les désordres dans les familles. C'est pourquoi, l'interdiction est valable pour les familles adoptives.

84. Toutefois, le concubinage ne crée pas un lien d'alliance constitutif d'un empêchement au mariage. Un homme peut ainsi épouser la fille de sa concubine. Aussi, le mariage entre cousins et cousines est possible et souvent même encouragé dans la société guinéenne comme l'indique la formule populaire « *les cousines sont faites pour les cousins* ». Dans certaines communautés guinéennes, les enfants qui portent le même patronyme, ne sont pas cousins, mais plutôt considérés comme des frères. Il s'agit ici des enfants de deux frères. C'est lorsqu'il s'agit des enfants d'un frère et d'une sœur, qu'ils sont considérés comme cousins n'ayant pas le même patronyme, puisque l'enfant de la sœur porte le patronyme de son mari. Par conséquent, un homme ne peut épouser la fille de son oncle paternel, car les deux sont considérés comme frère et sœur et non comme cousin et cousine. Pour d'autres familles, même patronyme ou pas, les enfants des frères ou sœurs sont considérés comme des cousins à l'occidentale, par conséquent, le mariage est possible entre eux.

2. Les atteintes privées à la liberté de choisir son conjoint

85. Dans la pratique sociale en Guinée, la liberté de choisir son conjoint est souvent entravée par les pressions familiales. Il arrive souvent, surtout dans les zones rurales, qu'une jeune fille soit donnée en mariage à un individu contre son gré. Les hommes aussi ne sont pas l'abri de la contrainte familiale en vue du mariage. Un homme peut se voir exiger de sa mère, son père ou même une tante ou un oncle, de prendre pour épouse une femme qu'il ne désire pas, parfois qu'il ne connaît même pas. C'est le mariage forcé sanctionné en matière civile par la nullité sur le fondement de l'article 273 du Code civil de 2019 et l'article 118 de la nouvelle loi spéciale n° L/2023/020/CNT du 25 octobre 2023.

86. L'article 319 du Code pénal dispose aussi que « *le mariage forcé est formellement interdit. Tout mariage doit être conclu sur la base d'un consentement mutuel, libre et volontaire de chacun des futurs époux majeurs, sauf dispositions particulières* ». « L'article 320 du même code prévoit que toute personne qui, par quelque moyen que ce soit, force une personne à se marier avec un partenaire qu'elle ne désire pas ou à ne pas se marier avec un partenaire de son choix, est passible d'une peine d'emprisonnement de 3 mois à 1 an et d'une amende de 500.000 à 2.000.000 de francs guinéens, ou de l'une de ces deux peines seulement, sans préjudice de paiement de dommages et intérêts ».

87. Dans les relations de travail aussi, une personne peut subir des pressions entravant sa liberté de choisir son conjoint. Un employeur ne doit insérer dans le règlement intérieur de son entreprise une clause interdisant à ses salariés de se marier entre eux.

88. La liberté matrimoniale comportant donc trois volets, le premier positif, celle de se marier, le deuxième négatif, celle de ne pas se marier et le dernier, celle de choisir son conjoint, connaît des atteintes. Certaines sont des restrictions légales, justifiées notamment par la physiologie des futurs mariés. D'autres atteintes sont causées par des personnes privées, résultant de l'influence sociale ou financière. Toutefois, la liberté du mariage demeure le principe qui gouverne la réglementation du mariage par le Code civil. Celui-ci exige le consentement libre et sans vice pour la formation du mariage.

§2 — Le consentement au mariage des futurs époux

89. Comme tout acte juridique, le mariage nécessite le consentement pour la validité de sa formation. Pour le Code civil guinéen, le consentement est fondamental pour former le mariage tandis que dans le mariage traditionnel, le plus souvent il n'est pas déterminant. Ce qui importe, c'est le consentement des familles respectives des futurs candidats au mariage. Dès l'accord des familles concernées et le paiement de la dot, l'union conjugale est scellée et le mariage peut être consommé. Toutefois, la nouvelle loi spéciale du 25 octobre 2023 exige pour la célébration du mariage par une autorité religieuse ou coutumière, le consentement des futurs époux. Ainsi, désormais pour le mariage civil et pour les mariages coutumiers et religieux, pour la formation du mariage le consentement des époux doit non seulement exister (A), mais aussi être intègre (B).

A- L'existence du consentement au mariage

90. L'article 242 du nouveau Code civil dispose « *le mariage exige le consentement des époux.*

Ce consentement est libre et non vicié

Il est exprimé au moment de la célébration du mariage et constaté solennellement par l'officier de l'état civil devant lequel les époux se présentent personnellement ». Et selon l'article 107 de la nouvelle loi spéciale n° L/2023/020/CNT du 25 octobre 2023, portant état civil en République de Guinée, « *le consentement des futurs époux est personnellement signifié par ceux-ci à l'officier de l'état civil au moment de la célébration du mariage* ».

Le consentement au mariage des futurs époux constitue donc une condition de fond pour contracter mariage. Même les incapables ont à consentir personnellement à leur mariage. Le législateur précise non seulement que le consentement « *est exprimé au moment de la célébration du mariage et constaté solennellement par l'officier de l'état civil* », mais aussi que les futurs époux comparaissent devant l'officier de l'état civil.

91. Les futurs époux doivent exprimer un consentement conscient et manifester une réelle intention conjugale. L'existence d'un trouble mental au moment de la célébration rend le consentement inexistant et entraîne la nullité absolue du mariage. Il en est ainsi lorsque le futur époux n'est pas à mesure de comprendre le sens et la portée de l'engagement qu'il est en train de souscrire.

Le futur époux placé sous un régime de protection, c'est-à-dire le mineur ou le majeur protégé, doit obtenir les autorisations nécessaires pour le mariage. La nouvelle loi spéciale du 25 octobre 2023, précise à travers l'article 110 que la présence des parents est nécessaire lorsque leur consentement est requis.

B. L'intégrité du consentement au mariage

92. Le législateur précise dans l'alinéa 2 de l'article 242, précité, que le consentement au mariage doit être libre et non vicié, c'est-à-dire qu'il doit être exprimé en toute liberté et donné en connaissance de cause. Aussi, l'article 108, alinéa 1er de la nouvelle loi spéciale du 25 octobre 2023, prévoit que « *le mariage n'est pas célébré s'il y a vice de consentement* ». Toutefois, les règles relatives à l'intégrité du consentement au mariage sont spécifiques[63]. Contrairement à ce que prévoit la règle de l'alinéa 2, de l'article 108 de la nouvelle loi spéciale, le dol ne devrait pas être une cause de nullité du mariage. En effet, la séduction

---

[63] Voir par exemple, N'dir S. D, « La problématique de l'annulation du mariage en droit sénégalais », Annales Africaines, Volume 2, décembre 2017, CREDILA.

qui précède le mariage est un moment où chacun se présente de la plus belle manière possible. Dans ce jeu de séduction, on est aveuglé par l'amour que l'on ressent pour l'autre. On ne retrouve la vue qu'après quelque temps de vie conjugale. Il faut donc adhérer à l'idée attribuée à Loysel, selon laquelle, « *en mariage trompe qui peut* ». Par conséquent, seuls deux vices devraient porter atteinte à l'intégrité du consentement : l'erreur (1) et la violence (2).

1. L'erreur :

93. L'erreur peut être définie comme une fausse représentation de la réalité. Elle consiste à croire vrai ce qui est faux et inversement. L'erreur est un vice du consentement en droit commun des contrats. En matière de mariage, le législateur guinéen ne précise pas en quoi peut consister l'erreur. La jurisprudence n'a pas eu l'occasion de se prononcer sur la question. En matière de contentieux portant sur la nullité du mariage, le plus souvent, c'est une action engagée par une femme pour obtenir la nullité du mariage de son mari avec une autre femme. Pour l'instant, les cas de nullité du mariage pour erreur d'un conjoint restent ignorés par le juge guinéen. Tout de même, quelques erreurs en matière du droit français de la famille pourraient inspirer le juge guinéen au cas où il y aurait le besoin. Ainsi, l'erreur sur l'identité physique de la personne a été retenue en Droit français. C'est l'hypothèse où une personne se substitue à une autre. Une erreur sur l'identité civile peut être également invoquée. C'est l'hypothèse où un individu a bien voulu épouser son conjoint, mais il lui attribuait une autre identité. Il en est ainsi lorsqu'une personne se fait passer pour une autre en utilisant de faux papiers ou se présente comme faisant partie d'une famille qui n'est pas la sienne[64].

---

[64] Paris, 12 mars 1903; En Guinée de nombreuses personnes se font passer pour des membres de la famille du Président de la République.

94. L'erreur sur une qualité essentielle du conjoint peut aussi être retenue comme cause de nullité. Il s'agit d'une qualité que l'on s'attend, communément à trouver chez un conjoint. L'*errans* doit démontrer que la qualité attendue a été déterminante de son consentement. Ont été retenues en jurisprudence française : l'erreur sur l'honorabilité (le mari ignorait que son épouse se livrait à la prostitution, TGI Paris, 13 février 2001), l'aptitude aux rapports sexuels (l'impuissance du mari avait été découverte après le mariage, Paris 26 mars 1982), la santé mentale du conjoint (le mari ignorait que son épouse était sous curatelle, Vesoul 28 novembre 1989). Dans la communauté soussous, il existe un usage consistant à mettre à l'épreuve la compétence de l'épouse en matière de cuisine. L'échec de la femme pourrait être retenu comme une erreur sur la qualité essentielle chez son mari, cause de nullité. La virginité de la femme au moment du mariage est fondamentale dans de nombreuses communautés guinéennes. À l'occasion du mariage, il existe un usage qui autorise le contrôle de la virginité de la femme à l'occasion de la première nuit de noces à travers un drap blanc. S'il s'avère que la nouvelle mariée n'était pas vierge, son mari pourrait obtenir la nullité du mariage pour erreur sur la qualité essentielle[65].

95. Pour être cause de nullité du mariage, l'erreur sur la qualité substantielle invoquée doit être communément admise comme étant essentielle et être déterminant du consentement de l'époux victime. En Guinée, l'identité des futurs époux pourrait conduire à présumer certaines qualités qui devraient être considérées comme substantielles et déterminantes du consentement au mariage.

---

[65] En France, l'erreur sur la virginité de l'épouse n'a pas été retenue comme cause de nullité du mariage par la Cour d'appel de Douai du 17 novembre 2008 (JCP G 2009, II, 10005)

2. La violence

96. La violence physique comme la violence morale sont des vices du consentement rendant un acte juridique nul. Le mariage, acte juridique solennel, n'échappe pas à cette règle de droit commun. Par conséquent, la violence physique ou morale exercée sur une personne pour la contraindre à se marier rend le mariage nul. Le plus souvent, il est plutôt question de violence morale. Elle consiste en une pression exercée sur une personne pour la contraindre à se marier. La plupart du temps elle émane de la famille de l'épouse. Ainsi, elle constituerait un mariage forcé traité plus haut. Dans les zones rurales, le plus souvent le mariage forcé est doublé de mariage précoce, formé et célébré en dehors de l'officier de l'état civil.

97. Toutefois, le mode de vie du peuple guinéen étant majoritairement traditionnel, la crainte révérencielle envers un ascendant a très peu de chance d'être retenue comme une cause de nullité pour violence morale.

98. De nombreux mariages en Guinée sont célébrés selon les règles traditionnelles. Ainsi, il est difficile de faire respecter les règles de fond prévues par le Code civil pour la formation du mariage. Même pour ceux qui font former leur mariage par l'officier de l'état civil, les formalités légales requises ne sont pas souvent rigoureusement observées, non seulement par les futurs mariés, mais aussi par l'agent public. Pourtant, le mariage est un acte juridique solennel.

Section 2 : Le mariage, acte solennel

99. À travers les dispositions légales relatives au mariage, il apparait que celui-ci est considéré comme un acte solennel. En effet, l'importance du mariage pour la société guinéenne a été évoquée et soulignée dans les pages précédentes. Le mariage est perçu pour les Guinéens comme une institution qui légitime la famille. Ainsi, pour sa formation, les futurs époux doivent satisfaire aux conditions de fond, mais aussi se soumettre aux règles de forme. Autrement dit, pour le mariage, le respect de certaines formalités est exigé : le rituel de la célébration est essentiel (§ 2), après les formalités préalables requises (§ 1).

Paragraphe 1 — Les formalités antérieures à la célébration du mariage

100.Les formalités préalables à la célébration du mariage ont pour finalité de renseigner l'officier de l'état civil sur la situation des futurs époux. Ainsi, il peut vérifier que les conditions de fond du mariage sont remplies. La loi impose une publicité du projet de mariage (A) et la production de certaines pièces par les futurs époux (B).

A- La publication du projet de mariage

101.Selon l'article 250, alinéa 1e du Code civil, « *avant la célébration du mariage, l'officier de l'état civil fera une publication par voie d'affiche apposée à la porte de la mairie* ». C'est la publication des bans. Conformément à la règle précitée, la publication des bans valable se fait par voie d'affiche à la porte de la mairie du lieu où sera célébré le mariage. L'alinéa 2 de l'article 250 du même précise que la publication des bans énonce les prénoms, noms, professions, domiciles, des époux ainsi que le lieu où sera célébré le mariage. L'article 251 du même code prévoit qu'un délai de dix jours depuis la publication doit être respecté avant que le mariage ne soit célébré. L'officier de l'état civil doit s'abstenir de célébrer le mariage tant que la durée de 10 jours n'est pas écoulée, le jour de la publication n'étant pas compris. Toutefois, selon l'article 251, alinéa 3, les futurs époux peuvent être dispensés de la publication aux bans par le procureur de la République pour des motifs graves. L'officier de l'état civil qui ne respecte pas cette règle s'expose à une sanction au paiement d'une amende civile de 500.000 GNF à 2.000.000 GNF. La nouvelle loi spéciale n° L/2023/020/CNT du 25 octobre 2023, à travers l'article 98, parle de publication par voie d'affichage, 15 jours au moins avant la célébration. Elle précise aussi qu'une copie de la publication est adressée par les soins de l'officier de l'état civil au centre de l'état civil des lieux de naissance des époux pour y être publiée.

102.Selon l'alinéa 3 de l'article 250, l'officier de l'état civil ne peut procéder à la publication des bans qu'après la remise par chacun des futurs époux d'un certificat prénuptial attestant que l'intéressé a été examiné en vue du mariage. À défaut, l'officier de l'état civil s'exposerait à une sanction civile.

103.La publication aux bans du projet de mariage a pour objet d'informer l'officier de l'état civil des empêchements qui pourraient exister pour susciter d'éventuelles oppositions de la part des proches des futurs époux. La publication des bans vise ainsi l'information des tiers du projet de mariage qui pourraient s'y opposer.

104.De nombreuses communes de la Guinée, principalement celles de la capitale Conakry, publient aussi les photos des futurs époux aux bans. Il faut adhérer à cette pratique et l'encourager puisqu'elle paraît adaptée à la population guinéenne dont le taux d'analphabètes est très élevé. Les photos sont plus susceptibles d'attirer l'attention des proches des futurs mariés, par opposition aux textes contenus dans les bans. Ainsi, il y a plus de chance d'atteindre l'objectif de la publication du projet de mariage aux bans. C'est dans ce sens que les Professeurs Philippe Malaurie et Hugues Fulchiron trouvent que « *le système est archaïque et d'une utilité réduite : les gens qui envisagent de faire opposition connaissant en général le projet de mariage par d'autres voies ; personne ne lit ces publications…* »[66]

B. La production des pièces indispensables

105.Selon l'article 250, alinéa 3, précité, les futurs époux doivent remettre à l'officier de l'état civil les pièces suivantes :

- Un extrait de naissance ou un jugement supplétif en tenant lieu : c'est le moyen de vérifier, outre la filiation des futurs époux, qu'il n'existe entre eux, aucun empêchement lié à la parenté et qu'ils ont l'âge requis pour pouvoir se marier.
- L'écrit constatant la monogamie ou l'option de la polygamie.
- Le certificat de résidence.

106.Ces trois pièces sont à produire dans toutes hypothèses.

- En cas de remariage, l'acte de décès du premier conjoint ou un extrait du jugement de divorce, pour la femme.

---

[66] Ph. Malaurie et H. Fulchiron, Droit civil- Droit de la famille, 8e édition LGDJ, 2022, p. 175, n° 214

- Si le consentement du père ou du chef de famille est requis pour un futur époux, la pièce constatant ce consentement ou le consentement verbal à l'occasion de la célébration du mariage.
- S'il y a lieu, copie de l'acte accordant une dispense aux empêchements tenant à l'âge.

Paragraphe 2 — La célébration du mariage

A- Le processus de la célébration

107.Selon l'article 256 du Code civil, le mariage est célébré publiquement par l'officier de l'état civil de la commune où l'un des futurs époux a son domicile ou sa résidence. Dans la pratique sociale guinéenne, le plus souvent le mariage est célébré par l'officier de l'état civil de la commune où la femme a son domicile ou sa résidence. La fonction de l'officier de l'état civil est assurée par le maire ou ses adjoints. L'article 257 précise que le mariage est célébré à la mairie. Par conséquent, tout autre endroit pour la célébration du mariage est illégal, sauf les lieux de culte ou autre endroit homologué au sens de la nouvelle spéciale du 25 octobre 2023. Toutefois, en cas d'empêchements graves, le procureur de la République peut requérir l'officier de l'état civil de se transporter au domicile ou à la résidence de l'un des futurs époux pour célébrer le mariage. La célébration du mariage à la mairie est une cérémonie publique. Par conséquent, les portes de la mairie et celles de la salle de mariage doivent donc rester ouvertes. Le jour de la cérémonie est choisi par les futurs époux, mais l'heure est fixée par l'officier de l'état civil. Selon l'article 259, la présence des futurs époux et des témoins majeurs est requise. En effet, la comparution personnelle des époux est nécessaire. Dans le système guinéen, on ne pouvait se marier par procuration. La pratique récurrente consistant à se faire substituer son frère ou sa sœur pour pouvoir consentir à l'union conjugale devant l'officier de l'état civil à l'occasion de la cérémonie du mariage était illégale. Désormais, en application des dispositions de l'article 110 de la nouvelle loi spéciale n° L/2023/020/CNT du 25 octobre 2023, une personne peut valablement se marier par procuration. C'est le mariage en situation exceptionnelle, permettant même de célébrer le mariage d'une personne décédée conformément aux dispositions de l'article 109 de la même loi.

108.Le mariage est un acte juridique solennel. Par conséquent, l'article 260 du Code civil prévoit un rituel particulier dans lequel l'officier de l'état civil joue un rôle actif. Il demande d'abord si les époux ont établi un contrat de mariage, ensuite il indique aux futurs époux qu'en l'absence d'une option de polygamie au moment du mariage, l'homme ne peut avoir plus d'une épouse. Il demande aussi le régime matrimonial choisi. Enfin, il reçoit le consentement des futurs époux : chaque partie déclare, l'une après l'autre, qu'elles veulent se prendre pour époux. Il prononce alors leur union au nom de la loi et dresse immédiatement l'acte de mariage, après avoir expliqué aux nouveaux mariés leurs droits et devoirs réciproques.

109.L'acte de mariage doit être signé par l'officier de l'état civil, par les époux et par les témoins. L'officier de l'état civil termine la cérémonie de célébration par la délivrance à la femme le volet n° 1 de l'acte de mariage et au mari le livret de famille[67].

---

[67] V. Poure, L'officier d'état civil en droit des personnes et des familles, thèse soutenue à l'Université de Strasbourg.

110.Selon l'article 261 du Code civil et l'article 128 de la nouvelle loi spéciale n° L/2023/020/CNT du 25 octobre 2023, les Guinéens peuvent, à l'étranger, se marier suivant les formes en vigueur dans le pays où ils se trouvent pourvu qu'ils respectent les conditions de fond prévues par la loi guinéenne. Ils peuvent aussi célébrer leur mariage dans les formes requises par la loi guinéenne devant un agent diplomatique ou consulaire de la République de Guinée. Selon l'article 262 du même code, « *les étrangers en Guinée peuvent se marier suivant les formes guinéennes du mariage. Cependant, ils restent soumis aux conditions de fond requises par leur loi nationale, et l'officier de l'état civil doit leur demander la justification desdites conditions. Si les futurs époux n'ont pas la même nationalité, il y a lieu d'appliquer à chacun sa loi nationale pour déterminer son aptitude au mariage. Toutefois, la loi nationale normalement compétente est écartée quand son application porte atteinte à l'ordre public guinéen* ». Cette règle confirmée par la nouvelle loi spéciale du 25 octobre 2023 à travers les articles 125, 126 et 127.

B. La preuve du mariage

111.Une personne peut avoir besoin de prouver son état de personne mariée, notamment à l'égard des institutions de l'État ou à l'égard des tiers. À travers les dispositions des articles 283 à 285 du Code civil, le législateur guinéen a prévu le régime de la preuve du mariage. Selon l'article 283 du Code civil, en principe, la preuve du mariage se fait par l'acte constatant la célébration et dressé par l'officier de l'état civil. Aucun autre écrit n'est admissible. La nouvelle pratique qui consiste à délivrer aux mariés un certificat de mariage à la célébration par une autorité de culte religieuse ne devrait pas prospérer devant une juridiction étatique si l'acte n'a pas été transcrit par l'officier de l'état civil compétent. Aussi, la preuve par témoignage ou par aveu doit être aussi écartée. La nouvelle loi spéciale n° L/2023/020/CNT du 25 octobre 2023 définit l'acte de mariage comme *« acte juridique, qui atteste de l'union entre un homme et une femme, établi par un officier de l'état civil et servant de preuve à l'existence du mariage »*. Pour la même loi sont autorités religieuse ou coutumière, les imans, les prêtres, les pasteurs ou tout autre chef religieux ou coutumier, habilité par l'autorité administrative, à célébrer un mariage. En effet, dans l'organisation du pouvoir exécutif en République, il existe un Secrétariat général chargé des affaires religieuses qui est le département de tutelle des autorités religieuses.

112.Au principe de produire l'acte de mariage pour prouver son existence, l'article 283 prévoit comme exception le jugement supplétif d'acte de mariage lorsque le registre n'a pas existé ou qu'il a été perdu. Ni le Code civil ni la nouvelle loi spéciale du 25 octobre 2023, ne le précisent, mais pour obtenir un jugement supplétif d'acte de mariage, la partie demanderesse devrait apporter la preuve de l'inexistence du registre à la période de son mariage ou celle des événements qui ont conduit à sa perte. En effet, la nouvelle loi spéciale se limite à préciser les mentions contenues dans un jugement supplétif d'acte de mariage, à travers les dispositions de l'article 146.

113.L'article 284 du Code civil quant à lui, prévoit que *« la possession d'état d'époux ne peut dispenser les prétendus époux, qui l'invoquent respectivement, de représenter l'acte de célébration du mariage devant l'officier de l'état civil ou le jugement supplétif en tenant lieu. La possession d'état d'époux s'établit par les faits suivants : — que l'homme et la femme se traitent comme mari et femme ; — qu'ils soient reconnus comme tels par la famille et la société* ». Ainsi, par cette règle, le législateur guinéen affirme que la possession d'état d'époux ne prouve pas le mariage. Pour prouver le mariage, l'acte de mariage ou le jugement supplétif en tenant lieu est nécessaire. Cette règle est à regretter dans une société qui connaît une civilisation fondée sur l'oralité. Elle est approuvée par de nombreux auteurs français comme les Professeurs Patrick Courbe, Adéline Gouttenoire et Michel Farge, qui ont écrit que : « *disposition logique : beaucoup de concubins vivent comme mari et femme, alors qu'ils ne sont pas mariés. Ce mode de preuve ne serait donc pas fiable* »[68]. On peut admettre cette idée pour la société française, où le concubinage est très fréquent. Mais en Guinée, le concubinage est une pratique très marginale. Le plus souvent, lorsqu'un homme et une femme s'installent pour vivre ensemble, c'est suite à un mariage religieux et coutumier.

114.En effet, dans la pratique sociale guinéenne, de nombreux citoyens font le mariage religieux et/ou traditionnel, sans passer devant l'officier de l'état civil. Le couple marié religieusement et/ou traditionnellement a une communauté de vie, le plus souvent consomme le mariage d'où il résulte des enfants communs. Ils sont considérés par leurs proches respectifs comme mari et femme et non comme des concubins. Ils ont la possession d'état d'époux, dans la mesure où la possession d'état d'époux est une situation de fait d'où il résulte que les conjoints se sont traités comme époux et qu'ils sont considérés comme tels par leurs entourages et par au moins une autorité locale.

---

[68] Patrick Courbe, Adéline Gouttenoire et Michel Farge, Droit de la famille, 8e édition, Sirey, 2022, p. 108, n° 291.

115.Par conséquent, pour un couple marié religieusement et/ou traditionnellement, la possession d'état d'époux devrait être acceptée comme preuve du mariage. À titre de comparaison, le Sénégal pays voisin de la Guinée, avec un mode de vie très similaire, dispose d'un Code de la famille qui reconnaître à travers les dispositions de l'article 114 le mariage coutumier. L'officier de l'état civil peut le constater[69].

C. Les sanctions des conditions de formation du mariage

116.Par le remède de l'opposition ou de la nullité, un mariage célébré ou un projet de mariage peut faire l'objet d'une remise en cause.

117.L'opposition au mariage est prévue aux articles 264 à 272 Code civil et aux articles 102 à 105 de la nouvelle loi spéciale n° L/2023/020/CNT du 25 octobre 2023. L'opposition à mariage est un remède préventif ayant pour objet l'empêchement de la célébration d'un mariage affecté d'un vice. En effet, l'opposition intervient en amont, c'est-à-dire avant même la célébration du mariage pour l'empêcher. Jusqu'à la mainlevée, l'opposition interdit à l'officier de l'état civil de célébrer le mariage.

118.Selon les articles 264 et 265 du Code civil, les titulaires du droit d'opposition à mariage sont le conjoint, le père, la mère, les ascendants en ligne directe à défaut des père et mère, le tuteur et le ministère public. La liste de l'article 265 du Code civil des personnes qualifiées pour l'opposition est limitative. Mais celles de l'article 102 de la nouvelle loi spéciale du 25 octobre 2023 est indicative, par

---

[69] Pour l'analyse de l'article 114 du Code sénégalais de la famille, I. Y. N'diaye, « Le mariage à l'épreuve du droit traditionnel », *op. cit.* p. 16.

exemple les responsables religieux et les autorités coutumières bénéficient aussi du droit à l'opposition au mariage.

119.L'article 266 du Code civil prévoit que « *l'acte d'opposition indique la qualité qui donne à l'opposant le droit de faire opposition et les motifs de l'opposition. L'opposant doit faire élection de domicile au lieu de célébration du mariage* ». Il en résulte que la forme de l'opposition à mariage est écrite. En effet, l'article 267 complète en ces termes : « *une copie de l'acte d'opposition doit être remise par un huissier ou adressée par la poste sous pli recommandé aux futurs époux* ».

120.Selon l'article 268 du Code civil, l'opposition régulière empêche l'officier de l'état civil de célébrer le mariage jusqu'à la mainlevée. La mainlevée est soit volontaire, dans ce cas, on considère que l'opposant à renoncer à son opposition, soit judiciaire, dans cette hypothèse, elle a été acquise suite à une action devant le tribunal de première instance, qui a apprécié la réalité du motif dans un délai de 10 jours à compter de la date de l'assignation. La mainlevée de l'opposition entraine la fin du sursis à célébration du mariage. Ainsi, l'officier de l'état civil peut valablement célébrer le mariage. Selon l'article 272 du même code : l'officier de l'état civil qui constate l'existence d'un empêchement au mariage peut, malgré la mainlevée de l'opposition, refuser de procéder à la célébration de ce mariage, à charge d'en informer le procureur de la République dans les 72 heures qui suivent.

121.Quant à la nullité du mariage, elle intervient en aval du mariage, c'est-à-dire après sa célébration. Elle a pour objet d'anéantir un mariage pour cause de vice de formation. La conséquence étant très lourde, seul un motif sérieux relatif à la violation d'une condition de formation peut entrainer la nullité du mariage. La nullité est réglementée par les articles 273 à 280 du Code civil et l'article 117 de la nouvelle loi spéciale du 25 octobre 2023.

122.Selon les articles 273 et 274 du Code civil, la sanction de l'inobservation d'une condition de fond (le consentement) ou de forme (la célébration publique devant l'officier de l'état civil), du mariage est la nullité. Toutefois, compte tenu de la gravité de la sanction et du caractère institutionnel du mariage, le régime de cette nullité est dérogatoire au droit commun. Ainsi, ce ne sont pas toutes les irrégularités dans la formation du mariage qui constituent un cas de nullité de l'union conjugale. Seuls les empêchements dirimants sont frappés par la nullité, alors que les empêchements prohibitifs n'affectent pas la validité du mariage.

123.Les empêchements simplement prohibitifs concernent les conditions de formation du mariage de moindre importance. Ce sont par exemple le défaut de publication des bans. Prononcer la nullité du mariage pour ce manquement serait une sanction disproportionnée.

124.Quant aux empêchements dirimants, ils concernent les conditions fondamentales pour la formation du mariage. Compte tenu de l'importance accordée à ces conditions, le manquement entraine la nullité du mariage. Deux types de nullité résultent des dispositions du Code civil : la nullité absolue et la nullité relative.

125.La nullité absolue vise à protéger des éléments considérés d'intérêt général. Ce sont par exemple des causes de nullité fondées sur la violation de la condition relative à l'âge, conformément aux dispositions de l'article 273 du nouveau Code civil.

126.La nullité relative quant à elle, vise la protection d'un intérêt privé. Le juge prononce la nullité du mariage lorsqu'il constate l'existence, par exemple du défaut de consentement au mariage.

127.Selon l'article 273 du Code civil, la cause de nullité du mariage peut être invoquée par le ministère public et par toute personne y ayant intérêt. Toutefois, s'il s'agit d'une nullité relative, elle ne peut être invoquée que par les seules personnes que la loi a voulu protéger. Exemple, lorsque le vice invoqué est l'erreur ou la violence, la nullité relative ne peut être demandée que par l'époux victime. L'article 276 du Code civil précise que *« la nullité du mariage contracté par une personne avant la dissolution du précédent mariage ne peut être demandée que par le précédent conjoint »*.

128.Il existe deux hypothèses dans lesquelles l'action en nullité du mariage n'est plus possible. C'est le cas où le titulaire du droit d'agir en nullité, y a renoncé. Il s'agit de la confirmation. Elle a pour effet la validation du mariage qui était susceptible de nullité. Par conséquent, seules les nullités relatives peuvent faire l'objet d'une confirmation. Le Code civil précise que la confirmation peut être tacite. La confirmation est qualifiée de tacite lorsqu'elle est déduite du comportement du titulaire vis-à-vis du mariage. Selon le même législateur, la confirmation peut être expresse sur une forme écrire ou verbale.

L'action en nullité du mariage peut être éteinte aussi *« par la prescription de 6 mois qui a pour point de départ pour l'époux, le jour où il a atteint l'âge de 18 ans et, pour la personne dont le consentement était requis, le jour où elle a eu connaissance du mariage »*.

129.Le prononcé par un juge de la nullité d'un mariage anéantit le mariage de manière rétroactive, qu'elle soit relative ou absolue. Les personnes concernées sont considérées comme si elles n'ont jamais été mariées. Par conséquent, elles deviennent étrangères l'une à l'autre et perdent tous les droits acquis par effet du mariage. Elles devraient voir liquider les intérêts communs.

130.Toutefois, le Code civil prévoit une exception au principe de l'effet rétroactif de la nullité du mariage. En effet, selon l'article 278 du Code civil, « *le mariage qui a été déclaré nul, produit néanmoins des effets civils tant à l'égard des époux qu'à l'égard des enfants, lorsqu'il a été contracté de bonne foi* ». Ce sont les hypothèses dans lesquelles un au moins des époux était de bonne foi. Ce sont les mariages qualifiés de putatifs. Le mariage est déclaré nul, mais produit des effets à l'égard de l'époux qui a contracté de bonne foi et à l'égard des enfants.

CHAPITRE 2

LA VIE DU COUPLE MARIÉ

131.La vie du couple marié est la vie à deux dans un régime juridique spécial. En effet, lorsque deux personnes décident de se marier, elles acceptent d'adhérer à un statut légal préétabli, celui des personnes mariées. L'union conjugale célébrée par l'officier de l'état civil entraine pour les personnes unies des effets de droit. Une personne mariée quitte la vie d'un célibataire caractérisée par la liberté encadrée seulement par le principe de ne pas nuire à autrui et de respecter la parole donnée. Une personne mariée a désormais une nouvelle vie liée à celle de son conjoint avec lequel il a eu échange des alliances à l'occasion de la célébration de leur mariage, en présence des témoins et de leurs proches respectifs. En effet, l'échange des alliances symbolise le fort engagement pris à l'égard de son conjoint qu'à la date de la célébration du mariage jusqu'à sa dissolution, en principe par le décès de l'un des membres du couple, de vivre pour lui en respectant les obligations nées du mariage.

132.La vie du couple marié est une vie dans un cadre institutionnel organisé par la loi. La liberté des époux est limitée. Les époux se voient soumis à des obligations qu'ils ne peuvent écarter par une convention. En effet, les personnes mariées sont contraintes de respecter un certain comportement dans leurs relations entre elles, mais aussi dans leurs relations avec les tiers. Le non-respect des obligations imposées aux mariées est une faute susceptible de divorce. En effet, la violation grave ou renouvelée des devoirs nés du mariage de la part d'un époux peut entrainer le divorce lorsque son conjoint estime qu'elle rend intolérable le maintien de la vie commune.

133.Dans la vie du couple marié, les relations entretenues sont de deux ordres. Les premières relations ont une dimension extrapatrimoniale, c'est-à-dire des relations dépourvues de tout intérêt matériel. En principe, on choisit de vivre avec un individu dans le mariage pour sa personnalité, pour les sentiments d'amour ou d'affection qu'on éprouve pour sa personne. Mais contrairement à une chanson, on ne peut vivre que d'amour et de l'eau fraiche. Voilà pourquoi, les époux entretiennent aussi des relations de dimension patrimoniale. Par conséquent, le statut impératif et applicable à tous les couples mariés, quel que soit leur régime matrimonial produit des effets juridiques d'ordre personnel (section 1) et d'ordre pécuniaire (section 2).

Section 1 — Les relations personnelles entre époux

134.Les relations personnelles sont les rapports personnels existant entre les personnes mariées dans leur vie quotidienne. Les rapports personnels entre les époux sont fondés sur des valeurs morales imposées par la loi. Au moment de la célébration du mariage, l'officier de l'état civil informe les nouveaux mariés de l'essentiel des règles à respecter dans leurs relations personnelles. L'officier de l'état civil lit les droits et devoirs prévus par le Code civil quant aux relations personnelles. De caractère impératif, les devoirs nés du mariage ne peuvent être écartés par les mariés. Un couple marié ne peut par exemple insérer une clause dans le contrat de mariage les déchargeant du devoir de fidélité. La clause serait réputée non écrite. L'officier de l'état civil informe aussi sur les règles relatives à la direction de la famille. Il rappelle surtout aux personnes mariées que désormais dans leur nouvelle vie, dans toutes les activités de nature professionnelles ou privée, l'intérêt de la famille prime. Pour garantir cet intérêt supérieur de la famille, les personnes mariées sont soumises à des devoirs réciproques (§1) et au respect de certaines règles juridiques dans la collaboration pour la gestion du foyer (§2).

Paragraphe 1 — Les devoirs réciproques imposés aux mariés

135.Le chapitre VIII du Code civil est intitulé « *des droits et devoirs des époux* ». En effet, chaque époux accepte en se mariant de se soumettre à certains devoirs dont il a le droit d'exiger le respect par son conjoint. Ces devoirs imposés aux époux relèvent du bon sens pour deux personnes qui ont librement choisi de partager leur vie jusqu'à leur intimité la plus profonde. La fidélité (B), l'assistance (C) et la communauté de vie (D) sont expressément et clairement cités par le Code civil comme les devoirs réciproques que les époux doivent observer. Un quatrième devoir, celui de respect (A), n'a pas de base textuelle, mais est aussi important que les trois autres.

A- Le devoir de respect

136.Le devoir de respect mutuel est nécessaire dans toutes les relations humaines. Pour un couple marié, le devoir de respect signifie que chacun des époux est obligé de respecter son conjoint dans son intégrité physique, mais aussi dans sa personnalité morale. Le devoir de respect oblige un époux à s'abstenir de porter atteinte à l'intégrité physique de son conjoint, notamment, évitez de le battre, de le blesser ou de le tuer. Le respect de la personnalité morale du conjoint renvoie au respect de sa dignité, son honneur, sa liberté de conscience, de croyance, politique et philosophique. Respecter moralement son conjoint, c'est aussi éviter de lui porter des injures, de lui mentir et de se montrer déloyal à son égard.

137.Le devoir de respect n'était pas mentionné expressément dans l'ancien Code civil. À l'occasion de la réforme de 2019, le législateur guinéen n'a pas jugé nécessaire d'apporter la correction[70]. Pourtant, c'est un devoir que les époux doivent observer pour éviter les violences conjugales. Toutefois, le devoir de respect peut être déduit de certaines dispositions du Code civil, notamment celles de l'article 317, selon lequel un époux peut obtenir le divorce pour faute en cas d'injure grave, sévices graves ou autres mauvais traitements. Si le législateur a omis le devoir de respect dans la liste des devoirs réciproques à la charge des époux, la jurisprudence guinéenne n'hésite pas à prononcer le divorce au profit de l'époux qui apporte la preuve qu'il a été victime de manque de respect de la part de son conjoint. Un jugement rendu le 25 juillet 2018 par le tribunal de première instance de Mafanco, en est une illustration[71]. Aussi, le Code pénal n'est pas insensible aux relations entre époux. Le fait d'être meurtrier de son propre conjoint est une circonstance aggravante de l'infraction selon l'article 209 du code

[70] En France aussi, c'est à l'occasion de la loi n° 2006-399 du 04 avril 2006 que le devoir de respect a été introduit de manière expresse dans le Code civil comme un devoir réciproque des personnes mariées.
[71] Malheureusement, le défaut de publication des décisions de Justice dans notre pays fait que nous ne pouvons donner plus de précision.

précité. Ainsi, l'importance du devoir de respect mutuel entre époux est une évidence. Il peut même être considéré comme le fondement du devoir de fidélité.

B. Le devoir de fidélité

138.Par les dispositions de l'article 286 du Code civil, le législateur guinéen affirme que les époux se doivent mutuellement fidélité. Toutefois, il ne précise pas ce qu'il faut entendre par « *devoir de fidélité* ». La jurisprudence aussi sanctionne la violation du devoir de fidélité, mais ne le définit pas. Selon le dictionnaire français Larousse, la fidélité est le « *fait, pour un conjoint, un partenaire amoureux, d'être fidèle à l'autre, et, en particulier, de ne pas commettre d'adultère : infidélité conjugale* ». En effet, le devoir de fidélité entre époux doit être entendu largement. Ce devoir interdit à un époux d'entretenir des relations sexuelles avec une autre personne que son conjoint. Il interdit également l'infidélité purement intellectuelle, sans aucune relation charnelle. Par exemple, inscription d'un époux à un site de rencontre, correspondance ou relations suspectes avec un tiers de manière réelle ou à travers les réseaux sociaux, comportement équivoque. Mais aussi, une admiration débordante pour une autre personne en dehors de son conjoint, que celle-ci soit une personne anonyme ou une célébrité comme un footballeur, un artiste ou encore un politique, peut être constitutive d'un adultère moral quand elle devient gênante pour son conjoint.

139.Le devoir de fidélité est le plus connu des devoirs nés du mariage. Dans le système français, *« l'adultère constituait non seulement une faute cause de divorce, mais aussi un délit pénal, d'ailleurs puni plus sévèrement quand il était commis par l'épouse. La réforme du 11 juillet 1975 va dépénaliser l'adultère qui ne sera plus accompagné que d'une sanction civile* »[72].

140.Le devoir de fidélité mutuel entre personnes mariées, de valeur universelle, a une application particulière en Guinée. En effet, il existe dans la pratique sociale guinéenne un usage de courtoisie affective entre un homme et les jeunes sœurs de son épouse et entre une femme et les jeunes frères de son mari. Selon cette courtoisie affective, l'homme ou la femme doit entretenir des relations de bienveillance allant jusqu'aux câlins appuyés à la frontière de l'intimité charnelle. Aussi, le devoir de fidélité mutuel est à rude épreuve dans un foyer polygame. Ce devoir commande qu'un mari accorde une exclusivité sentimentale pour sa femme. Or, dans un foyer polygame constitué conformément à la loi, il y a forcément une rupture d'égalité de sexe tolérée, dans la mesure où le mari entretient une relation avec plusieurs femmes alors que celles-ci doivent toujours observer le devoir de fidélité à son égard[73].

C. Le devoir d'assistance

141.Le devoir d'assistance a aussi pour base légale le texte de l'article 286 du Code civil. Le législateur ne le définit pas non plus. Il faut le comprendre comme une obligation de soutien moral entre les époux. En effet, les époux ayant fait le choix de vivre ensemble, le devoir d'assistance oblige l'un à se montrer bienveillant à l'égard

---

[72] V. Egéa, Droit de la famille, 3e édition, Lexis-Nexis, 2000, p. 531, n° 1144

[73] Pour un développement sur la question voir I. Y. N'diaye, « l'Obligation de fidélité entre époux : observations dubitatives sur les droits guinéens et sénégalais de la famille, JuriGuinée, n° 7, à paraître en janvier 2024.

de l'autre, réciproquement. Un époux doit apporter à son conjoint le soutien moral et psychologique dans ses activités professionnelles et privées. Un époux doit être présent pour son conjoint et lui apporter l'attention nécessaire en cas de maladie. Il doit aussi le réconforter et l'encourager quand il subit un échec ou devant l'adversité, le flatter quand il réalise des prouesses, le féliciter quand il est objet de promotion sociale et l'accompagner ou le représenter dans les cérémonies pour lesquelles il a été invité. Le devoir d'assistance devrait même conduire un époux à s'abstenir de toute relation amicale ou du moins adopter un comportement réservé, à l'égard de toute personne en conflit avec son conjoint.

142.Voir une personne avec laquelle on est en conflit afficher une certaine complicité avec la personne qui partage notre vie, peut être moralement difficile à supporter.

D. Le devoir de communauté de vie

143.Le devoir de communauté de vie est prévu par les dispositions de l'article 294, alinéa 1e, selon lequel « *les époux s'obligent mutuellement à une communauté de vie* ». le devoir de communauté de vie est l'obligation fondamentale dans les relations des personnes mariées. Pour que les devoirs de respect, d'assistance, de fidélité et de secours réciproques entre époux aient un sens, surtout soient effectifs, il faut une vie commune entre les époux. À défaut de communauté de vie, les devoirs réciproques des époux seraient un simple souhait vain. Par conséquent, il est permis de soutenir que le devoir de communauté de vie des époux est l'obligation 'mère' qui donne naissance à tous les autres devoirs réciproques dans une relation matrimoniale.

144.Le devoir de communauté de vie est un engagement fort qui comprend trois éléments cumulatifs : le devoir de communauté de vie est d'abord un devoir de communauté de toit. En effet, l'homme et la femme en se mariant acceptent librement de quitter les parents pour s'installer ensemble dans un abri pour leur propre famille. L'alinéa 2 de l'article 294 du Code civil le précise clairement en ces termes : *« la résidence de la famille est un lieu qu'ils choisissent d'un commun accord »*. Le devoir de communauté de toit est donc l'obligation de partager le même toit, c'est-à-dire cohabiter de manière habituelle. Ensuite, le devoir de communauté de vie implique une communauté de lit. En d'autres termes, chaque époux a l'obligation d'entretenir des relations sexuelles avec son conjoint. C'est l'obligation de consommer le mariage. Le législateur ne précise pas les modalités de cette obligation charnelle. C'est une pratique qui relève de l'intimité la plus profonde de la personne. Ainsi, il revient à chaque couple marié le choix de son rythme sexuel. Toutefois, l'époux qui refuse et persiste dans son refus de se prêter à des relations sexuelles avec son conjoint, commet une faute susceptible de divorce ou de dommage et intérêt. Mais, l'obligation de consommer le mariage ne peut connaître une exécution forcée. Elle se heurte à la liberté individuelle. Dans d'autres systèmes comme celui de la France, le viol a été reconnu entre personnes mariées par la jurisprudence et entériné par la loi (notamment l'arrêt n° 90-83.786 de la chambre criminelle de la Cour de cassation en date du 5 septembre 1990 et l'article 222-22 du Code pénal). La question est très taboue en Guinée. Elle ne fait pas l'objet d'un procès entre deux personnes. Dans la mentalité guinéenne, une personne mariée ne peut volontairement se refuser à son conjoint. En réalité, avec l'influence de la religion et de la tradition, le plus souvent, c'est à la femme qu'il est demandé de ne jamais refuser la sollicitation sexuelle de son mari, en dehors de sa période de menstrues ou sauf si son état de santé l'empêche. Le législateur guinéen ne dit rien sur la question. Les articles 268 à 270 qui prévoient et sanctionnent le viol, ne mentionnent pas le cas du viol sur le conjoint. À l'occasion de la réforme du Code pénal de 2016, le législateur a raté l'occasion de corriger cette défaillance. Pourtant, le mariage est une présomption simple de consentement à la relation sexuelle avec son conjoint. Un époux doit s'abstenir de recourir à la force ou à la contrainte pour avoir une relation charnelle avec son conjoint. À défaut, il devrait être poursuivi pour viol. Autrement dit, le viol entre époux devrait être reconnu dans le système guinéen, puisqu'il reconnait la liberté individuelle. Ensuite, le troisième et dernier élément de la communauté de vie est la communauté d'intérêts. Les époux doivent avoir des intérêts matériels communs. Pour le bien-être du foyer, les personnes mariées ont l'obligation de collaborer pour favoriser, améliorer ou défendre leurs intérêts matériels communs, d'où les règles légales de direction de la famille à observer.

Paragraphe 2 — La direction de la famille

145.Une communauté de vie implique nécessairement une administration, une gestion des affaires de la famille. Le législateur a donné aux personnes mariées des indications à suivre pour la direction de la famille. Dans l'ancien Code civil, l'article 324, alinéa 1er, prévoyait que le mari était chef de famille. Cette règle était cohérente avec la nature de l'autorité qu'avaient les membres de la famille. En effet, le mari avait la puissance paternelle sur les enfants et son épouse. À ce titre, les décisions relatives à la vie de la famille étaient prises par le mari de manière unilatérale. La femme n'avait qu'un rôle secondaire dans la gestion des affaires de la famille. La première réforme sur la gestion de la famille fut amorcée en août 2008 avec l'ancien Code de l'enfant qui avait prévu que les père et mère exercent en commun l'autorité parentale sur leurs enfants communs. La réforme est achevée avec le Code civil de 2019. Celui-ci a supprimé la règle selon laquelle le mari est chef de famille. Désormais, l'article 287 dispose « *la femme concourt avec le mari à assurer la direction morale et matérielle de la famille, à pourvoir à son entretien, à élever les enfants et à préparer leur établissement* ». Désormais, le mari et la femme dirigent ensemble la famille de manière concurrente. Les décisions doivent être prises de commun accord et dans l'intérêt de la famille.

146.La nouvelle règle relative à la direction de la famille est conforme au principe de l'égalité de sexe dans le foyer, une des motivations de la réforme du Code civil de 2019. Toutefois, elle est loin de la pratique sociale et des réalités guinéennes. Dans de nombreuses familles guinéennes, surtout dans les zones rurales, l'autorité supérieure du mari est très loin d'être dépassée. Il reste le premier responsable de la famille et le seul à prendre les décisions relatives à la vie de son foyer. Il peut arriver qu'il consulte son épouse, mais un mari n'attend de son épouse qu'un avis consultatif dont le poids ne dépend que du degré des sentiments qu'il éprouve pour elle. Autrement dit, dans la pratique sociale un mari peut ne pas tenir compte de l'avis de son épouse quant à une décision importante à prendre pour la vie de la famille, même dans leurs relations patrimoniales.

Section 2 — Les relations patrimoniales entre époux

147.La relation patrimoniale entre époux est celle qui renvoie aux rapports pécuniaires des époux. En se mariant, l'homme et la femme ont choisi d'adhérer au statut de personnes mariées. Dans ce statut fait d'un régime juridique particulier, les personnes mariées, en plus d'une relation personnelle, entretiennent une relation patrimoniale. Celle-ci correspond aux règles juridiques relatives à la gestion des biens du couple marié. Il a été dit que le mariage est à la fois un contrat et une institution. Par conséquence, la loi impose certaines règles aux couples mariés quant à leur relation patrimoniale. Selon l'article 288 du Code civil, *« chaque époux a la pleine capacité de droit, mais ses droits et pouvoirs peuvent être limités par l'effet du régime matrimonial »*. Ainsi, les règles qui gouvernent les relations patrimoniales entre époux appartiennent à deux catégories bien distinctes : les règles patrimoniales impératives (§1) et les règles patrimoniales librement choisies (§2).

Paragraphe 1 — Règles patrimoniales impératives

148.Selon l'article 286 du Code civil, les époux se doivent mutuellement secours. C'est la base légale du régime patrimonial impérative qui a pour objectif d'imposer une entraide minimale entre époux. Quel que soit le régime juridique choisi par les époux, la loi leur exige de se venir en aide en cas de besoin. C'est une sorte d'obligation alimentaire dans les rapports entre époux, comme le rappellent bien les dispositions de l'article 295 du même code. Le devoir de secours entre époux va même au-delà d'une aide alimentaire. C'est un devoir de soutien matériel mutuel que le législateur impose aux personnes mariées. Une personne mariée quitte le foyer de ses parents où elle bénéficiait d'un soutien matériel pour sa vie de célibataire. Sa nouvelle vie de personne mariée l'expose forcément à des charges qu'il faut qu'elle assume. Voilà pourquoi le législateur dans l'organisation de la vie commune des personnes mariées leur impose un devoir de secours, un soutien réciproque face aux charges du ménage. C'est ainsi qu'il prévoit entre époux une obligation de contribuer aux charges de la famille.

149.Les modalités, notamment le montant de la contribution aux charges du ménage, sont prévues par l'article 292 du Code civil selon lequel les époux peuvent librement prévoir la contribution de chacun dans une convention qui peut être le contrat de mariage ou un acte extérieur. Cette liberté contractuelle laissée aux époux pour la contribution aux charges du ménage ne leur permet pas de décharger totalement un des époux de la contribution. En effet, l'obligation légale de contribution aux charges du ménage a un caractère d'ordre public[74]. En l'absence de prévision conventionnelle, l'article 292 précité prévoit que les époux contribuent aux charges du ménage en proportion de leurs facultés respectives. Cette règle signifie que chaque époux contribue aux charges du ménage proportionnellement à ses moyens matériels. Par conséquent, l'époux le plus nanti devrait faire profiter son train de vie à son conjoint. La notion de l'expression « *facultés respectives* » conduit donc à évaluer les charges et les ressources pécuniaires des époux. L'appréciation du montant de la contribution due relève du pouvoir discrétionnaire des juges du fond.

150.Les charges du ménage sont des dépenses faites pour les époux eux-mêmes, mais aussi, pour leurs enfants communs. Ainsi, ce sont les dépenses vitales, telles que les charges de logement, de nourriture, des vêtements, de transport ou encore de santé. Les charges du ménage englobent aussi les dépenses d'agrément comme les frais de vacances, les frais de détente (cinéma, culture, sport). Figurent aussi parmi les charges du ménage les aides financières destinées à la famille ou aux amis[75].

---

[74] Pour cette position voir par exemple F. Terré et Ph. Simler, Droit civil, Les régimes matrimoniaux, 6e édition, Dalloz, 2011, n° 54

[75] En Afrique, il est très apprécié de jouer au bon samaritain pour sa communauté et même pour les voisins.

151.La participation aux frais du ménage est obligatoire. Mais le législateur n'impose pas un mode particulier de contribution. La plus fréquente mode de contribution est le mode monétaire. C'est-à-dire que chaque époux prélève sur ses revenus la somme nécessaire pour sa contribution conformément au train de vie du ménage.

152.Dans la pratique sociale guinéenne, le plus souvent, les charges de la famille sont assurées par le mari. L'épouse s'acquitte de son obligation de contribuer aux charges du ménage par son activité domestique ou par sa collaboration à la profession de son mari, d'où un adage populaire selon lequel « *la femme est la ceinture qui tient le pantalon de l'homme* ».

153.Selon l'article 293, alinéa 1er du même code « *Faute par l'un des époux de remplir son obligation de contribuer aux charges du ménage, l'autre époux peut obtenir du juge l'autorisation de saisir et de toucher dans la proportion de ses besoins, une partie du salaire, du produit du travail ou des revenus de son conjoint* ». Ainsi, un époux peut contraindre son conjoint à exécuter son obligation à la contribution au ménage par la voie de saisie-attribution. L'époux créancier pourra obtenir directement de l'employeur ou d'une banque de son conjoint débiteur, le paiement de la contribution par l'effet d'un jugement devenu exécutoire. L'époux débiteur défaillant risque aussi une sanction pénale pour abandon de famille. En effet, selon l'article 369 du Code pénal, le père ou la mère qui abandonne sans motif grave pendant plus de 2 mois la résidence familiale, se soustrayant ainsi en tout ou partie à ses obligations d'ordre moral ou matériel, est puni d'une amende de 500.000 à 1.000.000 GNF. En Guinée, l'autorité compétente pour recevoir les plaintes pour abandon de famille est une division spéciale de la Police nationale, dénommée l'Office de protection du genre, de l'enfance et des mœurs (OPROGEM)[76].

154.Une partie de la doctrine considère que le devoir de secours prévu par l'article 286 et l'obligation de contribution aux charges du ménage de l'article 292 sont à distinguer[77]. L'autre partie estime que la distinction n'est que terminologique [78]. Le législateur guinéen semble approuver la seconde position avec les dispositions de l'article 295. Toutefois, si les règles prévues par les articles 286 et 292 peuvent être confondues quant à leur objectif d'entraide conjugale, l'intérêt de les distinguer se trouve au niveau des situations des couples mariés qui peuvent être à des moments de leur vie commune séparés de fait ou de droit. Lorsque les époux sont en cohabitation, il conviendrait de parler de l'obligation de contribution aux charges du ménage et lorsqu'ils sont séparés, il conviendrait de parler de devoir de secours[79].

155.Il découle des textes cités dans les développements qui précèdent que le législateur guinéen prévoit des règles patrimoniales impératives que les époux ne peuvent écarter contrairement aux règles patrimoniales librement choisies.

---

[76] L'OPROGEM a été créée en 2009 pour lutter contre les violences faites aux femmes et aux enfants.

[77] Pour cette position voir A. Colomber, Droit civil régimes matrimoniaux, 12e éditions Litec, 2004

[78] Pour cette autre position voir A. Bénabent, Droit civil, la famille, *op. cit.* n° 201.

[79] Pour cette idée plutôt conciliatrice de deux opinions opposées sur l'identité ou pas du devoir de secours et de l'obligation de contribuer aux charges du ménage, voir Anne- Sophie Brun-wauthier, Régimes matrimoniaux, Paradigme, Brulant, 11 édition, 2024, p. 59, n° 64.

Paragraphe 2 — Règles patrimoniales librement choisies

156.Le régime patrimonial conventionnel est l'organisation et la gestion des biens des époux conformément à leur volonté. L'ancien Code civil guinéen observait un silence abasourdissant sur la question des régimes patrimoniaux des personnes mariées. La réforme de 2019 de Maître Cheick Sako[80] portant Code civil a fait une évolution majeure en la matière en se montrant plutôt loquace sur la question. Désormais, dans le titre premier du livre II, intitulé « *des régimes matrimoniaux* », le nouveau Code civil consacre à la matière 47 articles. L'article 612, le premier de ces articles, précise dans son premier alinéa la finalité des régimes matrimoniaux, en ces termes : « *le régime matrimonial règle les effets patrimoniaux du mariage dans les rapports des époux et à l'égard des tiers* ». Selon l'article 613 du même code, « *les époux peuvent faire, quant à leurs biens, toutes les conventions pourvu qu'elles ne soient pas contraires aux bonnes mœurs, à l'ordre public et aux dispositions du présent code* ». C'est un rappel de la liberté contractuelle encadrée par les bonnes mœurs et l'ordre public conformément aux dispositions de l'article 12 du même code. En effet, l'alinéa 2 de l'article 612 précité prévoit qu'il existe deux régimes matrimoniaux, celui de la communauté des biens et celui de la séparation des biens. Et selon l'article 619, les époux peuvent choisir l'un de ces deux régimes matrimoniaux. Toutefois, si la communauté des biens et la séparation des biens constituent les deux grandes catégories de l'organisation du patrimoine des personnes mariées, il

[80] Avocat en exercice à Montpelier, en France, Me. Cheick Sako était le ministre de la Justice, garde des sceaux de 2014 à 2019, du Président de la République Alpha Condé.

existe dans la pratique d'autres régimes de biens pour lesquels les époux peuvent opter.

157.Le choix du régime matrimonial devrait logiquement dépendre du degré de l'engagement dans la communauté de vie et de la situation professionnelle des époux. Pour être expliqué, des observations sont nécessaires sur chaque type de régime matrimonial.

158.Le premier type de régime matrimonial prévu par le Code civil est celui de la communauté des biens. Il est réglementé par les articles 623 à 651. Selon l'article 623, alinéa 1er « *la communauté se compose activement des acquêts faits par les époux ensemble ou séparément durant le mariage* ». En effet, le patrimoine des époux comprend trois catégories de biens : les biens propres de chaque époux et les biens communs. Autrement dit, dans le régime de la communauté, un bien est soit propre à un époux, soit commun aux époux. Pour prévenir les difficultés de qualification dans le doute, le législateur a prévu à l'alinéa 2 de l'article 623, une présomption selon laquelle « *tout bien, meuble ou immeuble, est réputé acquêt de la communauté si l'on ne prouve qu'il est propre à l'un des époux…* ». Cette présomption s'applique non seulement dans les rapports entre époux, mais aussi dans les rapports des époux avec les tiers.

159.Conformément aux dispositions de l'article 627, chacun des époux a le pouvoir d'administrer seul les biens communs et d'en disposer sauf à répondre des fautes qu'il aurait commises dans sa gestion. Les biens communs sont les acquisitions faites à titre onéreux pendant le mariage, par exemple, les revenus de nature salariale. Selon l'article 625, la communauté se compose passivement des aliments dus par les époux et des dettes contactées pour l'entretien du ménage et l'éducation des enfants.

160.Quant aux biens propres de chaque époux, ils se composent des biens présents le jour du mariage et des biens acquis à titre gratuit pendant le mariage. L'article 624 précise la nature des biens propres en ces termes : « *forment des propres par leur nature, quand bien même ils auraient été acquis pendant le mariage, les vêtements et linges à l'usage personnel de l'un des époux, les actions en réparation d'un dommage corporel ou moral, les créances et pensions incessibles et, plus généralement, tous les biens qui ont un caractère personnel et tous les droits exclusivement attachés à la personne. Forment aussi des propres par leur nature, mais sauf récompense s'il y a lieu, les instruments de travail nécessaires à la profession de l'un des époux, à moins qu'ils ne soient l'accessoire d'un fonds de commerce ou d'une exploitation faisant partie de la communauté. Restent propres également les biens dont les époux avaient la propriété ou la possession au jour du mariage ou qu'ils acquièrent, pendant le mariage, par succession, donation ou legs* ».

161.Le second type de régime matrimonial est la séparation des biens. C'est le régime imposé aux époux lorsqu'ils s'abstiennent de choisir un des régimes proposés par le législateur. Mais, selon l'article 652, le régime de la séparation des biens peut être aussi conventionnel. Autrement dit, dans le droit guinéen, la séparation de biens est soit un régime matrimonial légalement applicable à défaut de choix des époux, soit un le régime adopté par contrat de mariage signé par les époux. Le régime de la séparation des biens est caractérisé par l'absence de la masse commune. En effet, dans ce régime, il n'existe que deux patrimoines indépendants. Chacun des époux conserve le droit exclusif d'administrer ses biens et d'en disposer librement conformément à l'intérêt qu'il choisit. C'est-à-dire que chaque époux reste seul propriétaire de ses biens au moment du mariage, mais aussi des biens acquis pendant le mariage qu'il soit à titre onéreux ou à titre gratuit.

162.Le mode de vie des Guinéens basé sur une civilisation essentiellement orale, fait que la majorité des couples mariés est soumise au régime matrimonial de la séparation de biens applicable par défaut d'un choix conventionnel. La situation de précarité financière des futurs époux avec pour corollaire la difficulté de régler les honoraires du notaire, en plus des frais de la célébration du mariage, peut aussi justifier l'application légale du régime de la séparation de biens par défaut de choix.

163.Le régime de la séparation de biens peut être aussi un choix stratégique des époux, notamment dans deux hypothèses. Dans la première hypothèse, le régime de la séparation de biens est voulu pour soustraire aux créanciers, les biens d'un époux qui pratique le commerce ou une profession libérale. Dans la seconde hypothèse, le régime de la séparation de biens est perçu comme un « *régime des couples indépendants, voire le régime de l'époux égoïste qui songe à un divorce à bon compte…* »[81]

164.Les effets de la stratégie voulue par les époux peuvent être précisés dans le contrat de mariage que par abstinence devant le choix à faire entre les régimes matrimoniaux proposés. Selon l'article 620, le contrat de mariage est un acte authentique établi soit par un notaire, soit le chef d'un greffe avant la célébration du mariage. Le

[81] L'expression est empruntée au professeur Rémy Cabrillac, Droit des régimes matrimoniaux, 11e édition, LGDJ, 2019, p. 287, n° 358.

contrat de mariage est une convention complexe dans la mesure où elle associe le droit des obligations, le droit de la propriété, le droit des libéralités et le droit de la famille. Sa complexité vient aussi des stipulations individuelles relatives par exemple aux donations ou enfants communs ou non.

165.Il résulte des dispositions des articles 621 et 622 que la convention matrimoniale n'est pas irrévocable. Le régime matrimonial conventionnel ou légal applicable peut être modifié ou même changé. Toutefois, le législateur exige des conditions de durée de deux ans.

CHAPITRE 3

LA DÉSUNION DU COUPLE MARIÉ

166.Il faut entendre par désunion du couple marié, la fin de la communauté de vie conjugale, autrement dit, la fin du mariage. La fin du mariage est prévue par le titre VII. Selon l'article 303 Code civil, il existe deux formes de dissolution du mariage : la mort de l'un des époux et le divorce. L'article 14 du même code dispose « *la personnalité juridique commence à la naissance et cesse au décès* ». Ainsi, la mort fait disparaître la personnalité juridique d'une personne. La conséquence qui en résulte est la fin des actes juridiques passés par la personne décédée. Il a été dit que le mariage est certes une institution, mais aussi un acte juridique solennel. Le mariage n'échappe donc pas à la disparition par effet de la mort d'un époux. Toutefois, le décès d'un époux entraine des effets juridiques à l'égard de son conjoint survivant en matière de succession, qui n'est pas objet du présent cours.

167.La dissolution entrant dans l'objet du présent manuel est la désunion du couple de leur vivant. En effet, les personnes mariées peuvent décider de mettre fin à leur engagement conjugal de manière unilatérale ou de commun accord. Cette affirmation pourrait choquer un Guinéen de confession religieuse catholique dans la mesure où à l'Église catholique, l'autorité de culte marie les fidèles

« pour la vie, jusqu'à ce que la mort les sépare ». Mais, dans la pratique sociale dominée par les règles de l'Islam, religion majoritaire, le mariage a certes une dimension sacrée, mais ne connait pas un principe d'indissolubilité. Aussi, dans la conscience collective et dans les mentalités individuelles, l'influence de la modernité fait que les Guinéens sont de plus en plus décomplexés à sortir de l'union conjugale. Voilà pourquoi, le nouveau Code civil guinéen de 2019 ignorant les mariages traditionnels et religieux, a réglementé la désunion du couple marié de leur vivant. Certains époux se donnent la peine de se conformer à ces règles édictées par le Code civil pour la fin de leur mariage. Mais d'autres époux, représentant la majorité des cas, mettent fin à leur union conjugale sans se soucier des règles légales contenues dans le Code civil. Par conséquent, lorsque le couple marié décide de se désunir, la désunion peut être un divorce (section 1) ou une séparation (section 2).

Section 1 — Le divorce

168.Le Code civil guinéen réglemente le divorce sans pour autant en donner une définition. La lacune est comblée par la nouvelle loi spéciale n° L/2023/020/CNT du 25 octobre 2023 à travers son article 3 selon lequel le divorce est une « *rupture ou dissolution du lien conjugal prononcée par voie judiciaire* ». En effet, le divorce peut être défini comme la dissolution du mariage, prononcée par un juge du vivant des époux pour certaines causes établies par la loi. Le divorce se distingue d'une part de l'annulation du mariage qui sanctionne un vice de formation du lien conjugal et fait disparaître celui-ci en principe rétroactivement. Il se rapproche, d'autre part, de la séparation de corps, prononcée pour des causes identiques, mais qui relâche seulement, sans le rompre, le lien du mariage. Le divorce n'a pas que des conséquences juridiques. Le divorce a aussi des conséquences financières et sociales lourdes non seulement sur le foyer rompu, c'est-à-dire le couple et sur les enfants, au cas échéant, mais aussi, des dégâts collatéraux sur les alliés. C'est pourquoi dans le Manding du XIIIe siècle, tout en tolérant le divorce, pour des causes limitatives, la Charte de Kurukan Fuga exigeait que le divorce soit prononcé hors du village[82].

169.À l'image du droit civil guinéen, le divorce civil a connu une évolution très stable. L'unique évolution en matière de divorce est celle opérée par la réforme du Code civil de 2019. Celle-ci a précisé les différents cas de divorce (§1), a davantage réglementé la procédure de divorce (§2) et a prévu des conséquences révolutionnaires (§3).

Paragraphe 1 — Les cas de divorce

170.Selon l'article 304 du Code civil de 2019, désormais, il existe dans le droit guinéen de la famille trois cas de divorce : le divorce par consentement mutuel (A), le divorce en cas de rupture de la vie commune (B) et le divorce pour faute (C).

A- Le divorce par consentement mutuel

171.Le législateur guinéen s'est inspiré du droit français pour consacrer dans son système judiciaire le divorce consensuel. Il en existe deux types : le divorce sur demande conjointe des époux et le divorce demandé par un époux et accepté par l'autre.

[82] L'article 29 de la Charte de Kurukan Fuga prévoyait que le divorce est toléré pour l'impuissance du mari, la folie d'un conjoint et l'incapacité du mari à assumer les obligations nées du mariage.

172.Le divorce sur demande conjointe des époux a pour base légale l'article 305 du Code civil. Pour ce cas de divorce, les époux sont d'accord sur le principe de mettre fin à leur mariage, mais aussi, sur les conséquences qui en découlent. Le divorce sur la demande conjointe des époux est un cas de divorce par contrat des époux. Les conséquences du divorce ont été négociées et arrêtées par les époux assistés par leurs avocats respectifs. Le divorce sur la demande conjointe des époux est un mode de dissolution du mariage du vivant des époux qui évitent le contentieux. En effet, selon l'article 931 du Code de procédure civile, économique et administrative, CPCEA, « *le divorce sur demande conjointe relève de la matière gracieuse* ». Il a pour avantage la célérité et la réduction des frais de la procédure. Lorsque les époux ne sont pas en communauté de biens et que de leur union conjugale n'est né aucun enfant, c'est le mode de divorce idéal qu'il faudrait préférer. Lorsque les époux ont des biens à partager, la convention de divorce doit comporter un état liquidatif des biens et des droits immobiliers. Ainsi, la liquidation du régime matrimonial sera effectuée en même temps que le prononcé du divorce.

173.Contrairement à l'ancien Code civil, le nouveau a prévu les modalités du divorce sur la demande conjointe des époux. Selon l'article 306, les époux doivent soumettre à l'approbation d'un juge, un projet de convention de divorce réglant les conséquences. Le juge après avoir fait un examen du projet avec chacun des époux, réunit les deux pour tenter de les concilier. S'ils persistent dans la volonté de divorcer, il leur impose un délai de réflexion de 8 jours. À l'expiration de ce délai, la demande de divorce doit être renouvelée par les époux. À défaut de renouvellement dans les 6 mois qui suivent l'expiration du délai de réflexion, la demande conjointe devient caduque. Conformément aux dispositions de l'article 307, le juge prononce le divorce s'il est convaincu que la convention a été libre et préserve les intérêts des enfants, en l'homologuant[83]. Dans le cas contraire, il refusera de prononcer le divorce en application de l'article précité et de la règle prévue par l'article 943 du CPCEA.

174.Selon l'article 933 du CPCEA, la requête conjointe, qui n'indique pas les motifs du divorce, doit contenir à peine d'irrecevabilité, l'identité des époux, leurs nationalités, résidence, profession, ainsi que celle des enfants communs. À la requête conjointe sont jointes copies de l'extrait d'acte de mariage, actes de naissance des enfants et la convention de divorce. Selon le dernier alinéa de l'article 305 du Code civil, le divorce sur requête conjointe des époux ne peut être demandé au cours des 12 premiers mois du mariage.

175.Le second type de divorce par consentement mutuel est le divorce demandé par un époux et accepté par l'autre. Il est fondé sur l'article 308 du Code civil selon lequel *« l'un des époux peut demander le divorce en faisant état d'un ensemble de faits procédant de l'un et de l'autre qui rendent intolérable le maintien de la vie commune »*. Dans ce type de divorce consensuel, il y a eu accord des époux sur le principe de mettre fin à leur mariage, mais pas encore sur les effets.

176.La procédure du divorce accepté est prévue par les articles 309 et 310 du Code civil et 969 à 978 du CPCEA. Selon l'article 969 du CPCEA, le demandeur doit exposer dans un mémoire les faits objectifs rendant intolérable le maintien de la vie commune sans les imputer à son conjoint. La requête et le mémoire sont communiqués à l'autre époux par le greffe dans un délai de 15 jours. S'il accepte le

[83] A titre d'exemple, un jugement rendu le 14 avril 2023, par la section civile du tribunal de première instance de Dixinn.

mémoire, la procédure continue. Selon l'article 976 du CPCEA, l'un ou l'autre époux introduit l'instance devant le tribunal par voie d'assignation. Après constat de ces faits, le divorce est prononcé aux torts partagés. Le juge statue sur les points litigieux, c'est-à-dire sur les effets du divorce quant aux époux et à l'égard des enfants communs comme peut l'illustrer un jugement rendu le 03 mai 2023 par une section civile du tribunal de première instance de Mafanco.

177.Selon les articles 310 du Code civil et 971 du CPCEA, si l'époux défendeur ne reconnaît pas les faits, le juge ne prononce pas le divorce par consentement mutuel. La requête devient caduque et la procédure ne peut être poursuivie pour ce cas de divorce.

B. Le divorce pour rupture de la vie commune

178.Le divorce pour rupture de la vie commune constitue une dissolution du mariage pour l'altération définitive du lien conjugal à cause de la cessation de la vie commune, soit du fait d'une séparation, soit du fait d'une maladie d'un époux. Selon l'article 312 du Code civil, un époux peut demander le divorce en raison d'une rupture prolongée de la vie commune, lorsque les époux vivent séparés de fait depuis six ans. Et selon l'article 313 du même code, un époux peut également demander le divorce pour le même motif lorsque les facultés mentales de son conjoint se trouvent, depuis 6 ans, si gravement altérées qu'aucune communauté de vie ne subsiste plus entre les époux et de manière irréversible.

179.La procédure est réglementée par les articles 965 à 967 du CPCEA. La cessation de la vie commune doit avoir duré au moins six ans à la date de l'introduction de la requête initiale, lorsqu'il s'agit d'une séparation de fait et à la date de l'assignation s'il s'agit d'une séparation de droit consécutive à une ordonnance de non-conciliation. l'article 315 du Code civil dispose « *Si un époux contre lequel est intenté une action en divorce pour rupture prolongée de la vie commune, établit que le divorce aura soit pour lui, compte tenu notamment de son âge et de la durée du mariage, soit pour les enfants, des conséquences matérielles ou morales d'une exceptionnelle dureté, le juge peut rejeter la demande introduite par l'autre* ». Selon l'article 314 du même code, l'époux aux torts duquel le divorce pour rupture prolongée de la vie commune a été prononcé en supporte toutes les conséquences.

180.L'article 321 du Code civil prévoit que la tentative de conciliation est obligatoire avant l'instance lorsque le divorce est demandé pour rupture prolongée de la vie commune.

C. Le divorce pour faute

181.L'ancien Code civil prévoyait à l'article 341 que le mari pouvait demander le divorce pour l'adultère de sa femme. Mais, selon l'article 342 du même code, la femme ne pouvait demander le divorce que lorsque son mari entretenait sa concubine au domicile conjugal. Visiblement le droit de divorce pour faute était discriminatoire à l'égard de la femme au profit de son mari. Celle-ci ne pouvait obtenir le divorce pour faute d'adultère de son mari que si et seulement si deux conditions étaient réunies : que la complice de l'adultère soit sa concubine et que l'acte de l'adultère soit commis au domicile conjugal. Autrement dit, lorsque le mari commettait l'adultère en dehors de son domicile conjugal, par exemple dans un hôtel, sa femme ne pouvait demander le divorce. Mais aussi, si l'adultère a été commis avec une simple voisine, ou une collègue, par exemple, la femme ne pouvait non plus demander le divorce. Il en résultait un refus dissimulé opposé à la femme pour le cas de divorce pour faute fondée sur l'adultère du mari.

182.En application du principe d'égalité des sexes, la réforme du Code civil de 2019 a supprimé cette règle. Les motifs du divorce pour faute ont été modifiés et les règles de l'accès sont désormais égalitaires. En effet, l'article 317, alinéa 1e du nouveau Code civil prévoit : « *le divorce peut être demandé par l'un des époux lorsque des faits constitutifs d'une violation grave ou renouvelée des devoirs et obligations du mariage sont imputables à son conjoint et rendent intolérable le maintien de la vie commune* ». Ces dispositions sont une copie conforme de celles de l'article 242 du Code civil français. Elles ont le mérite de faire disparaître l'inégalité de droit entre la femme et son mari en matière de demande de divorce pour faute.

183.Aussi, l'article 317, alinéa 2, donne des comportements constitutifs de faute cause de divorce : sévices graves et mauvais traitement, refus persistant d'accomplir les devoirs conjugaux, injures graves. Le législateur précise que la liste n'est pas limitative.

184. Le divorce pour faute est donc le divorce qui sanctionne tout manquement aux obligations nées du mariage, rendant intolérable le maintien de la vie commune. Toutefois, certains comportements, non répréhensible dans l'abstrait, peuvent être retenus comme fautifs, s'ils provoquent une perturbation sérieuse de la vie familiale. Ainsi en est-il des occupations syndicales ou professionnelles selon un jugement rendu le 13 juillet 2023 par la section civile du tribunal de première instance de

Dubréka, ou des conflits répétés avec les beaux — parents, décidé le 6 mai 2022 par le tribunal de première instance de Dixinn.

185. Sur le fondement de l'article 317 précité, le juge saisi d'une procédure de divorce apprécie les caractères de la faute invoquée par l'époux demandeur. La faute invoquée doit comporter trois éléments : un fait imputable, qui constitue une violation conjugale et qui rend intolérable le maintien de la vie commune.

- Un fait imputable à un époux : pour constituer une faute cause de divorce, le comportement reproché à un époux doit avoir été commis sciemment par lui. Autrement dit, les faits reprochés à un époux doivent être intentionnels au sens du droit pénal. Ainsi, les faits allégués qui sont indépendants de la volonté d'un époux ne peuvent justifier un divorce contre lui. Par exemple, la femme victime d'un viol ne commet pas de faute d'adultère pour défaut d'intention. Il en va de même pour les faits accomplis, comme l'adultère, par un époux sous l'empire d'un trouble mental. Autrement dit, la faute cause de divorce doit être commise avec discernement par un époux. Aussi, la faute reprochée à un époux doit être personnelle. On ne peut demander le divorce pour faute lorsque cette faute est imputable à un membre de la famille de son conjoint, par exemple la belle-mère qui se montre humiliante à l'égard de sa belle-fille.
- Un fait constituant une faute conjugale : la faute reprochée doit être une violation des devoirs et obligations du mariage. Par exemple, l'adultère est une faute conjugale, comme l'a décidé la jurisprudence guinéenne, notamment un arrêt rendu le 6 novembre 2022 par la première chambre civile de la cour d'appel de Conakry. La jurisprudence guinéenne retient aussi le manque de respect, par exemple dans un jugement du 7 juin 2019 de la section civile du tribunal de première instance de Dixinn, mais aussi le refus

de contribuer aux charges du mariage, notamment un jugement du 25 juillet 2018 de la section civile du tribunal de première instance de Mafanco.

- Un fait rendant intolérable le maintien de la vie commune : la faute conjugale invoquée doit rendre insupportable le maintien de la vie commune. Dès lors qu'un époux introduit une requête et persiste sur sa volonté de divorcer notamment, à l'audience de la tentative de conciliation, le juge devrait considérer que la faute invoquée, si elle constitue une violation d'une obligation du mariage, rende forcément intolérable le maintien de la vie commune. L'époux demandeur du divorce a estimé que la faute est grave par sa nature ou a été répétée, au point qu'il ne peut plus mener une vie commune avec son conjoint. Le juge pour apprécier ces éléments peut prendre en compte l'état des mœurs, du milieu social, de l'éducation des parties, du genre de vie, des habitudes des époux, mais aussi des circonstances de la faute. Contrairement à l'ancien Code civil, la formulation de la règle de l'article 317 du nouveau Code civil de 2019, indique clairement au juge qu'il n'est pas nécessaire que la faute constitutive d'une violation d'une obligation née du mariage soit à la fois grave et renouvelée. Les deux caractères de la faute sont alternatifs et non cumulatifs.

Paragraphe 2 — La procédure de divorce

186. La procédure judiciaire est l'ensemble des règles gouvernant l'introduction et la progression de l'instance, ainsi que la décision mettant fin au litige. Les observations seront donc d'abord sur l'exercice de l'action (A), ensuite

sur le déroulement de l'instance (B), pour enfin voir le jugement du divorce (C).

A- L'exercice de l'action en divorce

187. Selon l'article 347 du Code civil ancien, « *l'époux demandeur présente en personne au président du tribunal sa requête en divorce énonçant les griefs qui fondent sa demande* ». Ces dispositions montraient clairement le caractère personnel de l'action. En effet, le divorce est une affaire privée qui ne regarde que les époux. Seuls les époux ont donc qualité pour exercer l'action.

188. Selon l'article 914 du Code de procédure civile, le tribunal territorialement compétent dans les affaires de divorce est celui du lieu où se trouve la résidence de la famille. Si les époux ont des résidences distinctes, le tribunal du lieu où réside celui des époux avec lequel habitent les enfants mineurs. Dans les autres cas, le tribunal où réside l'époux qui n'a pas pris l'initiative de la demande.

B. Le déroulement de l'instance

189. L'époux demandeur du divorce présente une requête au juge comprenant l'identité complète des deux époux, les lieu et date du mariage, ainsi que l'état civil des enfants du couple, conformément aux dispositions de l'article 918 du CPCEA.

190. L'article 321 du Code civil prévoit que la tentative de conciliation est obligatoire avant l'instance lorsque le divorce est demandé pour rupture prolongée de la vie commune ou pour faute. Ce qui est d'ailleurs le cas aussi pour le divorce conventionnel. En effet, l'article 917 du Code de procédure civile, économique et administratif précise que le juge a pour mission de tenter une conciliation entre les époux avant ou pendant l'instance. Il en résulte que

la tentative de conciliation est obligatoire dans la procédure du divorce. Les entretiens supposent la présence effective des époux. Ils ne peuvent pas se faire représenter, surtout lorsqu'une des parties demande des mesures provisoires. L'audience se termine par la décision du juge. Si la tentative aboutit, ce qui est très rare en pratique, la conciliation des époux est constatée par procès-verbal, celui-ci met fin à la procédure engagée. En cas de non-conciliation, le juge rend une ordonnance qui constate la non-conciliation et autorise le demandeur à assigner devant le tribunal. Conformément aux dispositions de l'article 326 du Code civil, le juge ordonne des mesures provisoires.

191. Selon l'article 330 du Code civil, la preuve des faits motifs du divorce est libre. Les parents proches en dehors des descendants, peuvent être entendus comme témoin. Les faits antérieurs au mariage ne sont pas pris en compte dans la mesure où le divorce est prononcé pour une violation d'une obligation née du mariage ou pour l'incompatibilité d'humeur dans la vie commune conjugale. Toutefois, une faute commise durant la procédure de divorce, comme l'adultère pendant la séparation de corps, est prise en compte. Cependant, l'article 331 du même code exclut les preuves obtenues par fraude. Par exemple, un époux ne peut valablement se prévaloir d'un enregistrement d'une communication téléphonique obtenu de manière déloyale, c'est-à-dire à l'insu de l'époux attaqué. En effet ce genre de moyen de preuve viole l'intimité de la vie privée[84].

192. La cause est inscrite en la forme ordinaire comme toute autre affaire. Mais compte tenu du caractère personnel de l'affaire de divorce, avec le risque d'exposer la vie privé

[84] Par un arrêt du 22 décembre 2023 de l'assemblée plénière de la Cour de cassation, la jurisprudence française a opéré à un revirement en admettant la preuve déloyale. Le droit guinéen très ancré dans les valeurs morales en est très loin.

des époux dans une audience en principe publique, la cause de divorce est débattue en chambre de conseil du cabinet du juge saisi du tribunal de première instance statuant en matière civile. La procédure de divorce touchant l'état des personnes, le juge a l'obligation de communiquer l'affaire au ministère public pour émettre des observations conformément aux dispositions de l'article 74 du CPCEA. Il faut aussi noter que le ministère public est gardien de l'ordre public. À ce titre, il intervient dans une procédure de divorce pour préserver notamment les intérêts des enfants. Toutefois, l'avis du ministère public sur le dossier ne lie pas le juge, qui reste souverain dans son appréciation des faits et libre dans son délibéré. C'est ainsi que le juge prononcera son jugement.

C. Le jugement

193. Dans le système judiciaire guinéen, la procédure civile est essentiellement écrite. En application du principe du contradictoire, les parties à travers leurs avocats respectifs ou du greffe du tribunal saisi, se communiquent les écritures et les pièces justificatives. Si la procédure est essentiellement écrite, elle n'exclut pas une plaidoirie orale d'un avocat pour les intérêts de son client à l'occasion d'une audience tenue par le juge dès lors que celui-ci laisse à l'avocat adverse un droit de réplique. Dans la majorité des cas, à la suite de l'audience de la tentative de conciliation, le juge fixe une date à laquelle les parties seront présentes et assistées ou représentées par leurs avocats respectifs pour la mise en délibéré de l'affaire. La date fixée pour le délibéré est l'étape qui achève la procédure d'instance. Il se peut que l'époux défendeur ait fait valoir avec succès la réconciliation ou tourné à son avantage les griefs invoqués. Un jugement de rejet peut donc être rendu. Toutefois, le plus souvent, le juge accueille la demande et prononce le divorce. L'époux insatisfait du jugement dispose d'un délai

de 10 jours à compte de la date du délibéré contradictoire pour interjeter appel conformément aux dispositions de l'article 601 du CPCEA.

Paragraphe 3 — Les conséquences du divorce

194. Selon l'article 334 du Code civil, le prononcé du divorce a pour effet essentiel de faire disparaître le mariage lorsque le jugement a acquis la force de la chose jugée. Les époux deviennent étrangers l'un à l'autre. C'est pourquoi, en cas de réconciliation de personnes divorcées, l'article 335 du Code civil exige une nouvelle célébration du mariage. Selon l'article 336, aliéna 1er, lorsque l'épouse divorcée envisage de se remarier, elle a l'obligation d'observer un délai de viduité de 130 jours. C'est une discrimination à l'égard de la femme. Mais elle se justifie par l'ordre public social. En effet, sans ce délai la femme éventuellement enceinte serait soumise à la présomption de paternité de son nouveau mari quant à l'enfant qu'elle porterait. Il y a donc le risque que la femme donne un enfant à son mari alors que celui-ci n'en est pas le père. Voilà pourquoi, le dernier alinéa de l'article 336 prévoit que la femme peut se remarier sans délai lorsque le divorce été prononcé pour une rupture prolongée de la vie commune des époux. Aussi, une femme devrait pouvoir se remarier sans attendre le délai de viduité de 130 jours lorsqu'elle produit un certificat médical attestant qu'elle n'est pas en état de famille conformément aux dispositions de l'article 337. Le prononcé du divorce est opposable non seulement aux époux eux-mêmes, mais aussi aux tiers. Il altère donc les rapports entre les époux divorcés (A). En revanche, les époux continuent en principe d'exercer conjointement l'autorité parentale à l'égard de leurs enfants mineurs (B).

A- Les conséquences du divorce dans les rapports entre époux divorcés

195. La rupture du lien conjugal provoquée par le divorce produit deux sortes de conséquences dans les rapports entre époux divorcés : certaines touchent leurs rapports personnels, c'est-à-dire extrapatrimonial (1), d'autres concernent leurs rapports patrimoniaux. C'est à ce niveau que des difficultés sont soulevées (2).

1. Dans les rapports personnels entre époux divorcés

196. Lorsque la décision prononçant le divorce a acquis force de la chose jugée, elle met fin aux devoirs et obligations nés du mariage. Ainsi, les personnes divorcées ne sont plus soumises aux devoirs réciproques d'assistance, de fidélité et de communauté de vie. Toutefois, en application du principe général de ne pas nuire à autrui, fondé sur l'article 1122, alinéa du Code civil, les divorcés doivent continuer à observer le devoir de respect.

197. Les personnes divorcées perdent également les droits que la loi accorde au survivant dans la succession du prédécédé. Il est de bon sens qu'une personne ne puisse se prévaloir d'un droit de succession sur une autre personne avec laquelle un jugement de divorce a été prononcé et est devenu définitif. Les personnes divorcées étant devenues étrangères l'une à l'autre, il ne peut exister un droit de succession entre elles.

198. Aussi, la présomption de paternité, qui rattache les enfants d'un couple marié au mari de la mère, ne sera plus appliquée aux enfants nés plus de trois cents jours après le prononcé définitif du divorce.

199. Enfin, à la suite du divorce, la femme perd l'usage du nom de son conjoint. Par exception, la femme peut le conserver après le prononcé du divorce si elle y a été autorisée par son ex-conjoint lui-même. La femme peut obtenir du juge l'autorisation de l'usage du nom de son ex-mari si elle démontre un intérêt particulier pour elle, par exemple lorsqu'elle s'est fait connaître professionnellement sur ce nom[85]. Le juge peut l'autoriser aussi à faire l'usage du nom de son ex-mari pour l'intérêt supérieur des enfants communs, par exemple par le personnel des écoles de ceux-ci.

2. Dans les rapports patrimoniaux entre époux divorcés

a- La répartition des biens

200. Selon l'article 339 du Code civil, le jugement de divorce prend effet dans les rapports entre époux, en ce qui concerne leurs biens. Le divorce entraîne la liquidation du régime matrimonial des époux conformément aux dispositions de l'article 341 du même code. Lorsqu'un partage amiable n'est pas possible, il revient au juge de faire le partage. Selon l'article 344, le divorce met fin au devoir de secours réciproque, sauf lorsqu'il est prononcé pour rupture prolongée de la vie commune, conformément aux dispositions de l'article de l'article 351.

201. En cas de divorce, le législateur guinéen ne prévoit pas les modalités d'attribution du logement familial. La jurisprudence ne comble pas la lacune. À sa décharge, c'est que dans la pratique, le plus souvent, le mari est propriétaire ou locataire du logement familial. Par conséquent, sauf les

[85] A titre d'exemple, après son divorce avec le guinéen Mamadou Condé, l'écrivaine de nationalité française Maryse Condé a conservé l'usage du nom de son mari.

cas où les époux étaient sous le régime de la communauté des biens, les points de contestation ne concernent pas le logement familial. Ainsi, l'ex — mari conserve son droit de propriété ou de bail sur le logement familial. Logiquement, si le logement familial appartient à la femme, elle en demeure propriétaire.

b. Les réparations pécuniaires

202. Selon l'article 343 du Code civil, des dommages et intérêts peuvent être accordés à un époux en réparation du préjudice matériel ou moral qu'il subit du fait de la dissolution du mariage. (Solitude morale allant jusqu'à la dépression, frais de déménagement pour un nouveau logement, par exemple.)

203. Le nouveau Code civil prévoit le versement de la prestation compensatoire d'un époux à l'autre à travers l'article 344. C'est une évolution majeure en droit guinéen du divorce et un soulagement important pour les femmes divorcées qui sont le plus souvent abandonnées à leur sort après la dissolution du mariage par le divorce. Toutefois le législateur guinéen ne définit pas la prestation compensatoire. Par conséquent, il ne précise pas sa nature juridique. Le législateur se limite à dire que la prestation compensatoire a un caractère forfaitaire. Pourtant, les époux n'étant plus soumis à un devoir de secours réciproque, il est important de préciser la nature de toute obligation financière qui leur sera imposée par l'autorité publique du juge.

204. Le législateur guinéen s'est inspiré du droit français sur cette question. Il résulte des textes français et de leur application par les juridictions, que la prestation compensatoire vise à compenser la disparité que la rupture du mariage crée dans les conditions de vie respectives des ex — époux. Ainsi, en se fondant sur sa finalité, il est

permis de définir la prestation compensatoire comme une allocation financière qu'une personne verse à son ex — conjoint pour lui éviter un grand changement matériel négatif dans son mode de vie suite à leur divorce.

205. Selon l'article 345, « *la prestation compensatoire est fixée selon les besoins de l'époux à qui elle est versée et les ressources de l'autre, en tenant compte de la situation au moment du divorce et de l'évolution de celle-ci dans un avenir prévisible* ». En complément de l'article 345, l'article 346 donne au juge des éléments à prendre en compte pour la détermination de la prestation compensatoire. Ce sont : « l'âge et l'état de santé des époux ; — le temps déjà consacré ou qu'il faudra consacrer à l'éducation des enfants ; — leurs qualifications professionnelles ; — leurs disponibilités pour de nouveaux emplois ; — leurs droits existants et prévisibles ; — la partie éventuelle de leurs droits en matière de pension de réversion ; — leur patrimoine, tant en capital qu'en revenu, après la liquidation du régime matrimonial ». Toutefois, le juge apprécie souverainement le montant de la prestation compensatoire.

206. Conformément aux dispositions de l'article 350, alinéa 1er du Code civil, le juge peut refuser une prestation compensatoire à l'époux aux torts exclusifs duquel le divorce a été prononcé si l'équité le commande et au regard des circonstances particulières de la rupture[86].

[86] En Droit français, cette règle a été appliquée par la jurisprudence notamment, dans un arrêt du 8 juillet 2010 de la première chambre civile de la Cour de cassation.

B. Les conséquences du divorce pour les enfants

207. L'enfant est une personne vulnérable dans la mesure où du fait de son jeune âge, il est psychologiquement fragile et mentalement faible. Voilà pourquoi la société, à travers le législateur et le juge, se préoccupe du sort des enfants après le divorce de ses parents. Ainsi, des textes de loi sont conçus et appliqués pour que les enfants souffrent le moins possible du divorce de leurs parents. Ainsi, les parents divorcés sont obligés de maintenir les relations personnelles avec leurs enfants. Mais aussi, suite au prononcé du divorce, l'obligation pour les parents de nourrir, d'entretenir et d'élever leurs enfants subsiste, qu'ils soient mineurs ou majeurs, dès lors qu'ils poursuivent des études et n'ont pas encore acquis leur indépendance financière, conformément à la Convention de New York de 1989 et à la Charte africaine des droits et du bien-être de l'enfant de 1990. Cette règle a été confirmée par l'article 353 du nouveau Code civil.

208. Selon l'article 359 du Code civil ancien, *« sauf accord spécial entre les parties, les enfants dès qu'ils auront atteint l'âge de sept ans, seront confiés à leur père »*. Cette règle avait été remise en cause par le Code de l'enfant de 2008. En effet, selon son article 179 *« si les père et mère sont divorcés ou séparés de corps, l'autorité parentale est exercée soit en commun par les deux parents, soit par celui d'entre eux à qui le tribunal l'a confié »*. Le nouveau Code civil de 2019 et le nouveau Code de l'enfant de 2020 se sont alignés sur la position de cette règle du Code de l'enfant de 2008. Le législateur semble dire que désormais, au prononcé du divorce les parents continuent à exercer ensemble l'autorité parentale sur leurs enfants communs. En réalité, le législateur confond la notion de l'autorité

parentale à celle de la résidence habituelle. La première est liée à la filiation et résulte d'un droit naturel que le législateur reconnait. En principe, un parent ne peut être privé de l'exercice de l'autorité parentale sur un enfant avec lequel, il existe un lien de filiation. Même le divorce avec l'autre parent ne peut priver un parent de l'exercice de l'autorité parentale sur son enfant. Sauf s'il est de l'intérêt de l'enfant qu'il ne soit plus sous l'autorité de ce parent. En revanche, un parent peut se voir priver de la résidence habituelle de l'enfant suite à un divorce.

209. En effet, suite au divorce de ses parents, un enfant perd son foyer familial où il avait sa résidence habituelle. Par conséquent, la nouvelle résidence des enfants sera fixée soit chez l'un des parents, au titre d'une garde exclusive, soit chez les deux parents à la fois au titre d'une garde alternée, ou encore, une partie de la fratrie chez le père et l'autre chez la mère, c'est la garde partagée. Le critère à prendre en compte pour fixer la nouvelle résidence habituelle des enfants est leurs intérêts. Le parent qui n'a pas bénéficié du droit de garde des enfants dispose néanmoins d'un droit de visite et d'hébergement que l'autre parent ne peut lui refuser ou restreindre[87].

Section 2 — La séparation de corps

210. Le Code civil guinéen ne donne pas une définition expresse de la séparation de corps. Il est revenu à la nouvelle loi spéciale n° L/2023/020/CNT du 25 octobre 2023 de la définir comme une *« décision judiciaire ordonnant la suspension du lien légal du mariage et de la vie commune »*. Une autre définition peut être déduite des

[87] Pour plus de développement, voir notre contribution, « la garde de l'enfant après le divorce : étude de droit comparé franco-guinéen, in la complémentarité des sexes en droit de la famille, édition Mare et Martin, 2014.

dispositions de l'article 365 du nouveau Code civil comme la situation des époux qui ont suspendu la communauté de vie sur décision judiciaire. Contrairement au divorce, la séparation de corps permet aux époux de rester mariés, mais sans la vie conjugale. La séparation de corps est un 'petit divorce.', Mais la séparation de corps n'entraîne qu'un relâchement du lien conjugal. Les époux sont simplement dispensés du devoir de cohabitation conformément aux dispositions de l'article 365 du nouveau Code civil.

211. L'ancien Code civil guinéen ne traitait pas de la séparation de corps. Toutefois, le concept n'est pas ignoré dans le droit guinéen, puisque le Code de l'enfant de 2008 l'évoque dans la règle de l'article 179, alinéa 1er, prévoyant l'exercice de l'autorité parentale après le divorce du couple. Aussi, le chapitre IV, titre 2, de la IIIe partie du Code de procédure civil est intitulé : « *le divorce et la séparation de corps* ». Désormais, Le nouveau Code civil 2019 consacre un chapitre à la séparation de corps, montrant ainsi la volonté de moderniser le droit guinéen de la famille. La séparation de corps s'approchant du divorce, il convient de voir les règles empruntées au droit de divorce (§1) et celles qui lui sont étrangères (§2).

Paragraphe 1 — Les règles empruntées au droit du divorce

212. Selon l'article 363 du Code civil, les cas et les conditions dans lesquelles une séparation de corps peut être demandée par les époux et prononcée par le juge sont les mêmes que ceux du divorce. Ainsi, une séparation de corps peut être prononcée par consentement mutuel ou pour faute.

213. La procédure est aussi identique sous réserve d'une particularité : à tout stade de la procédure, et même en appel, une demande en divorce peut être transformée en

demande en séparation de corps comme le prévoit l'alinéa 1er de l'article 364 du nouveau Code civil. Toutefois, l'inverse n'est pas possible, conformément à l'article 919 du Code de procédure civile. Toutefois, selon l'article 369 du nouveau Code civil, « *à la demande de l'un des époux, le jugement de séparation de corps est converti de plein droit en jugement de divorce quand la séparation de corps a duré 5 ans* ».

Paragraphe 2 — Les règles étrangères au droit du divorce

214. Les conséquences de la séparation de corps diffèrent de celles du divorce. Elles sont prévues par les articles 365 à 367 du Code civil. Sur le plan personnel, la séparation de corps ne dissout pas le mariage. Seul le devoir de cohabitation disparaît, mais toutes les autres obligations personnelles issues du mariage demeurent (fidélité, assistance). Les effets pécuniaires du mariage sont maintenus conformément aux dispositions de l'article 367 du Code civil (secours, contribution aux charges du mariage, vocation successorale), qui précise que « *le jugement qui la prononce ou un jugement postérieur fixe la pension alimentaire qui est due à l'époux qui se trouve être dans le besoin. Cette pension est attribuée sans considération des torts* ».

215. Aussi, à la différence du divorce qui entraîne une rupture définitive entre les époux, la séparation de corps présente un caractère provisoire.

216. Lorsque les époux se séparent sans saisir le juge, il s'agit d'une séparation de fait. Elle correspond à la situation des époux qui ont cessé la vie commune, sans être divorcés ni séparés de corps. Elle suppose la réunion cumulative de deux conditions : les époux doivent avoir cessé de cohabiter

sans aucune autorisation judiciaire (élément matériel) et la cessation de cohabitation doit exprimer la volonté certaine des époux de mettre fin à la communauté de vie qui les unit (élément intentionnel).

217. Dans la pratique sociale guinéenne, de nombreuses personnes mariées se séparent sans l'intervention d'une juridiction étatique. Elles ont la conviction intime et sont de bonne foi que la dissolution de leur mariage sur le plan traditionnel et religieux est suffisante. En réalité, elles se trompent et sont dans une séparation de fait.

TITRE 2

LE COUPLE NON MARIÉ : LE CONCUBINAGE

218. Comme il a été dit plus haut, le droit de la famille est une matière très influencée par les valeurs morales et religieuses. Ainsi, dans tous les systèmes juridiques du monde le mariage a été longtemps la seule union conjugale organisée par la loi. Toutefois, l'évolution des mœurs avec le changement des valeurs morales et la laïcité de l'État a forcé la reconnaissance d'autres formes de vie maritale en dehors du mariage. Aujourd'hui, certains États comme la France, une source d'inspiration de la Guinée, réglemente trois formes de conjugalité : le mariage, la forme toujours privilégiée, le concubinage et le pacte civil de solidarité.

219. En France, le concubinage a été longtemps une pratique ignorée par le Code civil. Tous les auteurs français qui traitent de la question l'affirment en reprenant la célèbre formule attribuée à Bonaparte, *« les concubins se passent de la loi ; la loi se désintéresse d'eux »*[88] . Avec la pression des féministes et de la communauté homosexuelle, c'est

[88] Voir par exemple, Fr. Chénédé, (sous la dir) Droit de la famille, Dalloz Action 2023-2024, n° 01.21. Les auteurs citent R. Rodière, « le ménage de fait devant la loi française », *in* travaux de l'Association Henri Capitan, Dalloz, 1960, p. 55.

d'abord la jurisprudence qui a reconnu des droits aux concubins dans le système français, comme peuvent l'illustrer deux arrêts de la chambre sociale de la Cour de cassation en date du 11 juillet 1989[89]. Ensuite, le législateur à travers une loi n° 99-944, du 15 novembre 1999 relative au pacte civil de solidarité, consacre le concubinage dans le Code civil[90].

220. Le pacte civil de solidarité, PACS, est un statut inspiré du mariage et instauré pour une reconnaissance de la conjugalité des personnes homosexuelles auxquelles le mariage était refusé. Le pacte civil de solidarité est défini par l'article 515-1 du Code civil français comme « *un contrat conclu par deux personnes physiques majeures, de sexe différent ou de même sexe, pour organiser leur vie commune* ».

221. Cette évolution dans le système français n'a pas influencé le droit guinéen. La récente réforme de 2019 du Code civil motivée notamment par la modernisation du droit de la famille s'est limitée à revoir la réglementation de la seule institution du mariage. On peut expliquer ce choix par le fait que la société guinéenne ne conçoit l'union entre un homme et une femme que par le mariage. Pour le Guinéen, un couple est forcément un couple marié.

222. Ainsi, le couple marié reste l'unique modèle familial traité par le législateur guinéen. Pourtant, dans la pratique sociale le concubinage est une réalité même s'il est considéré comme immoral. Aujourd'hui, dans les zones urbanisées, il est de plus en plus fréquent de constater que de nombreux jeunes vivent maritalement. C'est le concubinage qui reste un fait social difficile à ignorer quand

---

[89] Cass. Soc. 11 juillet 1989, JCP 1990. II.21553 ; D. 1990. 582. Note Ph. Malaurie.
[90] V. J0 16 novembre 1999, p. 16959.

il prend de l'ampleur. C'est pourquoi, il convient de préciser d'abord la notion de concubinage (chapitre 1), ensuite voir les effets (chapitre 2), pour enfin étudier sa dissolution (chapitre 3).

CHAPITRE 1

LA NOTION DU CONCUBINAGE

223. Ni le Code civil ni la nouvelle loi spéciale n° L/2023/020/CNT du 25 octobre 2023 ne traitent du concubinage. Il n'existe donc aucune définition légale. Qu'il soit donc permis de faire recours au droit français pour des raisons évoquées dans les pages précédentes, pour une proposition de définition du concubinage.

224. Le concubinage est souvent appelé aussi l'union libre par les auteurs. Le Professeur Alain Bénabent écrit même, en parlant du concubinage que : « *deux expressions désignent le même phénomène, à savoir une union hors mariage présentant une certaine stabilité* »[91]. Pourtant, la réglementation du concubinage par le droit français avec une définition précise devrait conduire à relever une nuance entre le concubinage et l'union libre pure et simple. Dans les couples non mariés, les amants n'ont pas les mêmes engagements les uns envers les autres. Certaines personnes ne recherchent chez leur amant qu'une relation charnelle passagère, d'autres manifestent un plus grand intérêt pour l'amant, mais qui ne va pas jusqu'à la cohabitation, d'autres encore s'engagement pleinement avec leur amant en s'installant avec lui pour une vie maritale. C'est cette

[91] A Bénabent, Droit de la famille 6e édition, op. cit. p. 337, n° 452.

dernière catégorie qui mériterait l'appellation « concubinage ».

225. En effet, il convient d'adhérer à la définition du législateur français. Inspiré de la jurisprudence, l'article 515-8 du Code civil français définit le concubinage comme « *une union de fait caractérisée par une vie commune présentant un caractère de stabilité et de continuité entre deux personnes de sexe différent ou de même sexe qui vivent en couple* ». Cette définition peut être reprise pour le droit guinéen sous réserve du couple de même sexe. Le concubinage supposerait ainsi la réunion de plusieurs éléments constitutifs (section 1), lesquels devraient être prouvés (section 2).

Section 1 — Les éléments constitutifs du concubinage

226. Pour qu'il ait concubinage, il faut une vie commune du couple. La notion de vie commune implique, outre une cohabitation, une communauté d'intérêts matériels dont notamment des dépenses communes. Pour être qualifié de concubinage, la vie commune doit être stable. Autrement dit, les personnes qui vivent dans le concubinage doivent entretenir une relation plutôt durable. La relation des concubins doit également être continue. Des relations discontinues ne suffisent pas à constituer le concubinage. Il en résulte que deux éléments caractérisent le concubinage : la stabilité et la continuité. Il reviendra aux juges du fond d'apprécier souverainement les situations d'union libre pour qualifier de concubinage ou pas[92].

[92] Pour les différentes formes du concubinage en Guinée, voir Diakité L, Concubinage en droit guinéen de la famille, L'Harmattan, 2023, p. 57.

Section 2 — La preuve du concubinage

227. Pour pouvoir produire des effets, le concubinage devrait être prouvé. Contrairement aux mariés, les concubins ne possèdent aucune preuve préconstituée. Il faut donc s'en remettre au droit commun de la preuve. Le concubinage étant un fait juridique, il peut se prouver par tous les moyens, par exemple par une attestation sur l'honneur ou par témoignage. Compte tenu du fait que le concubinage connaît une forte réprobation sociale dans la société guinéenne, il sera difficile d'obtenir un certificat de concubinage d'une mairie[93]. En revanche, un notaire ou un huissier de justice pourra bien le faire.

[93] En France, certaines mairies délivrent le certificat de concubinage ou l'attestation d'union libre dépourvus de valeur juridique.

CHAPITRE 2

LES EFFETS DU CONCUBINAGE

228. Le concubinage est une situation de fait, c'est-à-dire qu'il n'est pas organisé par la loi, comme le mariage. Par conséquent, contrairement à un acte juridique, il n'y a pas une manifestation de volonté destinée à créer des effets de droit entre les concubins. Aucune relation juridique ne lie les concubins. Ils sont donc considérés entre eux comme des étrangers. Pour être plus explicite, il est permis de dire que les concubins sont comme deux automobilistes qui se rencontrent en circulation routière. Rien ne les lie jusqu'à ce qu'il ait un fait juridique entre eux. À ce fait la loi attachera des conséquences juridiques visant à rétablir chacun dans ses droits. Les concubins étant étrangers l'un à l'autre, le principe est qu'il n'existe pas d'effets juridiques résultant de leur union (section 1). Toutefois, dans certaines hypothèses le concubinage pourrait produire des effets juridiques (section 2).

Section 1 — Une union en principe sans effet juridique

229. La loi guinéenne n'organise pas le concubinage qui demeure une pratique immorale dans la conscience collective de la société. D'ailleurs, même la loi française

qui le définit ne l'organise pas. Dans le système français, la jurisprudence a affirmé plusieurs fois que les règles du mariage ne sont pas applicables aux concubins, notamment l'obligation de contribuer aux charges du ménage,[94] *a fortiori* dans le système guinéen. À l'image d'un couple marié, on ne peut donc parler d'obligations personnelles ou de régime matrimonial entre concubins.

230. Le concubinage ne créant aucun lien d'ordre personnel entre les concubins, ils ne sont pas légalement tenus des devoirs réciproques de fidélité, d'assistance ou de communauté de vie. Il revient à chaque concubin d'adopter librement un comportement loyal et de compassion à l'égard de la personne avec laquelle il est en concubinage. Le comportement des concubins les uns à l'égard des autres dépend du degré de leur engagement fondé sur les sentiments qu'ils éprouvent dans la relation de concubinage. Aussi, le concubinage ne créant pas de lien juridique entre les intéressés, il n'existe donc pas de lien d'alliance entre les uns et la famille des autres. Ainsi, un homme peut valablement épouser la fille de sa concubine. Par ailleurs, le concubinage ne crée aucune incidence sur l'état civil des intéressés. Par conséquent, une concubine n'a aucun droit d'usage du nom de son amant.

231. Toutefois, les concubins sont aussi soumis au devoir de respect réciproque. En effet, le devoir de respecter l'intégrité morale et physique d'une personne n'est pas une obligation particulière aux couples mariés. C'est une conséquence logique de l'obligation de ne pas nuire à autrui. Par conséquent, un concubin aussi est obligé de s'abstenir de toute violence de nature physique, morale ou

---

[94] Voir par exemple l'arrêt du 28 novembre 2006 de la première chambre civile de la Cour de cassation, AJ. Fam, 2007, p. 33, obs. F. Chénédé

psychologique à l'égard de son amant. Aussi, la communauté de vie caractérise le concubinage et le distingue d'une simple union libre. Sans communauté de vie, on ne peut parler de concubinage. Par conséquent, si les concubins ne sont pas légalement tenus d'une obligation de communauté de vie par effet de leur union, il n'en demeure qu'ils sont matériellement obligés de vivre sous le même toit pour que leur union libre soit qualifiée de concubinage.

232. Dans leurs relations patrimoniales, les concubins ne sont nullement tenus par aucun régime matrimonial légal. Ils ne sont pas soumis à un devoir de secours réciproque. Chaque concubin reste propriétaire de ses biens et les administre librement. Les dettes contractées restent personnelles et les concubins n'ont aucune obligation légale de contribuer aux charges de la cohabitation. Il n'existe aucune obligation alimentaire entre les concubins.

Section 2 — Quelques effets exceptionnels du concubinage

233. Par contrat, les concubins peuvent faire produire à leurs relations des effets dont ils conviennent librement. Ce contrat, appelé convention de concubinage, est soumis au droit commun des obligations. Toutefois, les effets fixés conventionnellement par les concubins ne peuvent être que patrimoniaux en raison de l'indisponibilité de l'état des personnes. À titre d'exemple, les concubins ne peuvent s'imposer aucune obligation de fidélité. La convention de concubinage ne peut pas non plus porter atteinte à une disposition d'ordre public, tel que le principe de la liberté de rupture ou encore les règles relatives à l'obligation alimentaire[95]. Il n'est pas interdit aux concubins d'acquérir

[95] Exemple l'arrêt du 20 juin 2006 de la première chambre civile de la Cour de cassation,

ensemble un bien mobilier ou immobilier. Le bien serait indivis. La quote-part de chacun serait proportionnelle à sa participation au financement de l'acquisition.

234. Les enfants des concubins sont considérés comme des enfants naturels. La présomption de paternité ne s'applique pas aux concubins. Par conséquent, l'établissement de la filiation se fait individuellement. Toutefois, l'autorité parentale est commune, dès lors que la filiation est établie à l'égard des deux concubins.

CHAPITRE 3

LA DISSOLUTION DU CONCUBINAGE

235. Par dissolution du concubinage, il faut entendre la fin de la relation de concubinage. Comme dans toutes relations humaines, la mort met fin à la relation de concubinage. De leur vivant, les concubins peuvent aussi procéder à la rupture volontaire de leur union, de commun accord ou de manière unilatérale. En principe, la dissolution du concubinage n'emporte aucune conséquence particulière. Il n'y a pas de communauté à partager, pas de vocation successorale réciproque. Le bien indivis fait l'objet d'un partage, à la demande de l'un d'eux, au prorata des parts respectives de chacun. Si le bien n'est pas partageable en nature, il est vendu et le prix réparti entre les ex-concubins ou entre un concubin et les héritiers de l'autre.

236. Il convient de voir la rupture volontaire (section 1), avant celle par décès (section 2).

Section 1 — La rupture volontaire du concubinage

237. Compte tenu de la nature de leur relation, les concubins peuvent la rompre librement. La rupture du concubinage est donc libre. Elle peut être de commun accord ou sur décision unilatérale. La rupture du

concubinage n'entraine aucun effet juridique entre concubins, pas de pension alimentaire ou de prestation compensatoire. En principe, la rupture du concubinage n'est pas constitutive de faute. Toutefois, une rupture abusive du concubinage peut entraîner des dommages et intérêts sur le fondement de l'article 1122, alinéa 1er du Code civil. Le caractère abusif de la faute est lié aux circonstances de la rupture : exemple, une concubine abandonnée avec une grossesse, un concubin abandonné avec brutalité, une concubine abandonnée après plusieurs années de vie commune sans ressource et à un âge avancé.

238. La dissolution n'a aucune incidence sur les biens des concubins. Les concubins sont naturellement séparés de biens. Lorsque le concubinage est dissout, chaque concubin reprend les biens sur lesquels il peut justifier d'un droit de propriété exclusif dont la preuve peut être librement rapportée. « *Chacun est libre de gérer à sa guise son patrimoine* »[96]. Pour les biens communs, les concubins les liquident conformément au droit commun des obligations, comme des célibataires. En effet, les biens indivis sont soumis au régime de l'indivision. Les concubins restent copropriétaires des biens indivis. Il leur revient donc de partager leurs biens, car nul n'est tenu de rester dans l'indivision.

239. La dissolution n'a aucune incidence sur le logement aussi. Si le logement a été loué par les deux concubins, le concubin délaissé peut rester dans les locaux dans la mesure où il est aussi titulaire du contrat de bail. Mais, il s'expose à supporter seul les charges de la location. Si le logement appartient au concubin qui l'a abandonné, l'autre n'a pas le

---

[96] Dia F. B, Réflexion sur l'action en réparation de la concubine en droit sénégalais », Annales Africaines, Volume 2, décembre 2017, p. 139, CREDILA.

droit de rester dans les lieux sans autorisation expresse. Pareil pour le cas où le logement appartient en propriété aux deux concubins. Le concubin qui reste dans le logement devra verser à l'autre une indemnité en raison de la jouissance exclusive[97].

240. La validité des libéralités entre concubins ne devrait pas être remise en cause pour cause de dissolution.

241. Lorsque le concubinage est dissous, chaque concubin commence par reprendre les biens sur lesquels il peut justifier d'un droit de propriété exclusif dont la preuve peut être librement rapportée. Sauf dispositions conventionnelles contraires, les biens acquis ensemble sont soumis au droit commun de l'indivision.

Section 2 — La dissolution du concubinage par décès

242. En cas de décès d'un concubin, le concubinage n'emporte aucune vocation successorale. Autrement dit, en principe, les concubins ne sont pas héritiers l'un de l'autre. Pour les biens indivis, si le concubin défunt avait des enfants, ses droits sont transmis à ces derniers. Par conséquent, ils deviennent co-indivisaire au concubin survivant à la place du concubin défunt[98].

243. En cas de décès accidentel, la jurisprudence française reconnait un droit à l'indemnisation au concubin

---

[97] Voir notamment Brom B et autres, Droit de la famille, Mémento Francis Lefebvre, Pratique, 24-25, 2024, p. 396, n° 24650

[98] Pour des solutions protégeant le concubin survivant, voir P. A. Courtois, « la protection du concubin survivant », AJ. Fam. 2018 p. 339.

survivant contre l'auteur fautif de l'accident [99]. Cette solution n'est pas envisageable en Guinée compte tenu de la réprobation sociale du concubinage.

[99] Voir par exemple le célèbre arrêt Dangereux de la chambre mixte de la Cour de cassation en date du 27 février 1070, D. 1970, p. 201, note J. Combaldieu.

DEUXIÈME PARTIE

L'ENFANT

244. À l'image des autres pays africains, la Guinée réserve à l'enfance une importance majeure. Il est souvent dit en Guinée que les enfants constituent la survie d'une communauté. Si la famille est la cellule de base de la société, en Guinée, la famille ne peut se concevoir sans l'enfant. La société guinéenne considère même l'enfant comme la finalité du mariage. Cela explique l'exception au principe de la monogamie qui consiste pour un homme de se marier lorsqu'il est avéré que son épouse est stérile. Dans la Guinée du XIIIe siècle, précisément au Manding, le divorce était toléré pour l'impuissance du mari, autrement dit, pour le fait qu'un homme marié ne pouvait pas procréer.

245. Aujourd'hui encore, on peut constater dans l'actualité des faits divers que les Guinéens expriment un fort désir d'enfant. L'affaire « *N'na Fanta* » peut illustrer nos propos. En l'espèce, de nombreuses femmes, après plusieurs années de mariage, désespérées d'enfanter, se sont confiées à une dame nommée N'na Fanta, se disant tradi-praticienne[100] spécialiste de la fertilité féminine. Il s'est avéré que celle-ci n'était qu'un escroc et ne disposait

[100] En Guinée la médecine traditionnelle, c'est à dire le traitement des malades par le végétal est très prisée.

d'aucune technique ou remède contre la stérilité féminine. Suite à une plaine de ses victimes, elle avait été condamnée par le tribunal de première instance de Mafanco statuant en matière correctionnelle. L'affaire « N'na Fanta » avait suscité l'intérêt des médias et avait montré que la société guinéenne réserve une place majeure à l'enfant.

246.Le privilège accordé à l'enfant dans la société guinéenne a conduit le législateur à créer un droit spécial applicable à l'enfant à travers l'édition du Code de l'enfant du 19 août 2008, qui a connu une réforme en 2020. L'objectif du Code guinéen de l'enfant de 2008 était de rendre conforme la législation guinéenne à la Convention de New York relative au droit de l'enfant[101] et à la Charte africaine des droits et du bien-être de l'enfant. Ainsi, l'égalité de statut entre enfants, quelles que soient les circonstances de leur naissance est prévue par le Code guinéen de l'enfant. Celui-ci définit l'enfant en son article 1^er^comme « *tout être humain âgé de moins de 18 ans* », définition confirmée par le Code guinéen du travail de 2014 à travers les dispositions de l'article 137.1. Dès la première règle des dispositions consacrées pour réglementer la filiation, le législateur affirme l'égalité des enfants d'une même fratrie vis-à-vis de leurs parents. En effet, l'article 374 du Code civil prévoit clairement que « *les enfants dont la filiation est légalement établie ont les mêmes droits et les mêmes devoirs dans leurs rapports avec leurs père et mère. Ils entrent dans la famille de chacun d'eux* ». Cette évolution positive de la loi guinéenne est à saluer, car les enfants, innocents qu'ils sont, ne devraient pas se voir sanctionnés pour un comportement dont ils ne sont pas responsables. Chaque enfant souhaiterait de naître dans les conditions les meilleures et avec les honneurs les

---

[101] Voir par exemple, Chénedé F, (dir.), Droit de la famille, Dalloz Action, 2023-2024, 9e édition, p. 1232, n° 242.

plus élevés. Toutefois, la naissance d'un enfant est un choix que font des adultes, ses parents. Du moins, un enfant vient au monde suite à un comportement d'une femme et d'un homme, qui se sont approchés dans l'intimité la plus profonde pour des motifs qui les regardent. L'enfant est donc le résultat de la relation charnelle ou d'un accord entre un homme et une femme.

247. L'enfant étant le fruit d'un homme et d'une femme, le droit civil traduit ce phénomène biologique par l'institution de l'état de l'enfant en le rattachant à ses père et mère par un lien juridique de filiation. Il convient de voir d'abord la filiation (titre 1), puis le statut de l'enfant (titre 2)

TITRE 1

LA FILIATION

248. Si la filiation est règlementée par le Code civil et par la nouvelle loi spéciale n° L/2023/020/CNT du 25 octobre 2023, le législateur guinéen ne la définit pas de manière expresse. Toutefois, on peut déduire de l'ensemble des règles consacrées à la filiation une définition formulée comme suit : la filiation est le lien juridique entre un enfant et ses parents fondé sur un fait biologique ou une décision de justice. Cette définition s'approche sensiblement de celles proposées par de nombreux auteurs, qui ont pris pour critères le lien de sang et le lien électif créé par une décision de Justice. Par exemple, les professeurs Frédérique Granet et Patrice Hilt, définissent la filiation comme « *un lien de droit qui unit l'enfant à ses père et mère ou à l'un d'eux et qui, comme telle, repose sur un fondement juridique* »[102]. Les Professeurs Patrick Courbe, Adéline Gouttenoire et Michel Farge, écrivent que « *la filiation est le lien de droit qui unit l'enfant à ses parents, et qui est plus ou moins dépendant du fait biologique* »[103]. La filiation est un fait en principe naturel, d'apparence simple, mais complexe à

[102] Fr. Granet et P. Hilt, Droit de la famille, 5e édition, PUG, 2015, p. 119, n° 236.
[103] P. Courbe, A. Gouttenoire et M. Farge, Droit de la famille, 8e édition, Sirey, 2022, p. 391, n° 1135

appréhender par le droit. Le professeur Vincent Bonnet n'a pas manqué de l'écrire dans son ouvrage en ces termes : « *il est difficile de donner plus de précision sur cette définition. Il est vrai que l'on parle souvent de filiation biologique, de filiation vécue, de filiation juridique. Pourtant, ces formules sont trompeuses, car elles laissent penser qu'il existe plusieurs sortes de filiations en fonction de leur nature, la filiation biologique et la filiation vécue s'opposant entre elles et à la filiation juridique. En réalité la filiation est toujours juridique* »[104].

249. Lorsque l'enfant est relié par un lien de filiation à sa mère, la filiation est dite maternelle et à son père, la filiation est dite paternelle. Le lien de filiation peut correspondre à un lien biologique. Il résulte alors de la création par la loi d'un rapport fondé directement sur la procréation charnelle ou médicalement assistée, (chapitre 1). Toutefois, le lien entre parents et enfant peut être créé en dehors de la procréation (chapitre 2).

[104] V. Bonnet, Droit de la famille, *op. cit.* p. 23, n° 11.

CHAPITRE 1

LA FILIATION PAR PROCRÉATION

250. La filiation par procréation est celle qui repose sur le fait naturel. L'idée du législateur est que le lien de filiation est fondé sur un lien de sang. Ce lien de sang de lui-même est une conséquence de la relation charnelle entretenue par les parents. Dans ce système de filiation fondé sur le sang, la femme est appelée « la mère biologique » et l'homme, « le père biologique ». Pour la première, le constat pour la désigner ne pose pas de difficulté. En effet, la mère biologique se fait remarquer d'abord pendant sa grossesse, avec l'arrondissement de son ventre, mais aussi, à l'occasion de l'accouchement qui demeure un moment pénible pour toutes les femmes, même avec la péridurale. Pour le second, le père, sa qualité c'est-à-dire le lien avec l'enfant, est beaucoup plus discret. Comme l'écrit le Professeur Vincent Bonnet, la paternité est un fait invisible[105]. Pour surmonter la difficulté, le législateur a consacré une présomption simple de paternité pour le mari à l'article 385 du Code civil et 124 du Code de l'enfant, selon lesquels « *l'enfant conçu pendant le mariage a pour père le mari néanmoins, celui-ci pourra désavouer l'enfant en justice s'il justifie de faits propres à démontrer qu'il ne peut en être le père* ». Cette filiation par procréation

[105] V. Bonnet, Droit de la famille, *op. cit.* p. 23, n° 23.

n'est pas aisée pour certaines familles à cause d'une anomalie biologique soit de la femme, soit de l'homme, soit encore des deux à la fois. L'évolution de la médecine et des techniques de la santé donnent de l'espoir pour lutter contre l'infertilité, mais avec des risques de dérives pouvant porter atteinte à nos valeurs éthiques. Il est donc question ici de la filiation par procréation naturelle (section 1) et de celle médicalement assistée (section 2).

Section 1 — La filiation par procréation naturelle

251. La filiation par procréation naturelle est l'établissement de la filiation fondée sur le sang. Comme il a été dit dans les développements antérieurs, le droit de la famille demeure fortement influencé par des valeurs morales et religieuses. Il se trouve que dans la société guinéenne toute relation intime entre un homme et une femme en dehors du mariage est perçue comme immorale. L'enfant né hors mariage se trouvait ainsi discriminé au profit de l'enfant né du mariage. Les récentes réformes en droit de la filiation visent essentiellement la protection de l'enfant, mais aussi la suppression de la discrimination fondée sur le sexe ou sur la naissance. Pour les étudier, il convient d'adopter un plan suivant les distinctions des Codes civil et de l'enfant. Ainsi, nous verrons d'abord la filiation légitime (§1), puis la filiation naturelle (§2).

Paragraphe 1 — La filiation légitime

252. Le Code de l'enfant consacre une section à la filiation légitime subdivisée en trois paragraphes : de la présomption de paternité (A), des preuves de la filiation légitime (B) et de la légitimation (C).

A- De la présomption de paternité

253. Selon l'article 124 du Code de l'enfant et l'article 385 du Code civil, précités, l'enfant conçu ou né pendant le mariage a pour père le mari. Le mariage emporte en principe l'établissement de la filiation indivisiblement à l'égard des deux époux, par l'effet conjugué de l'acte de naissance désignant la mère et de la présomption *Pater is est*.

254. Toutefois, selon l'article 125 du même code, en cas de jugement ou même de demande, soit de divorce, soit de séparation de corps, la présomption de paternité ne s'applique pas à l'enfant né plus de 300 jours après l'ordonnance autorisant les époux à résider séparément et moins de 120 jours depuis le rejet définitif de la demande ou depuis la réconciliation. La même règle est prévue par l'article 386 du Code civil, mais celui-ci parle de 130 jours au lieu de 300 jours. Dans un souci de vérité biologique, la présomption *pater is est* se trouve écartée dans les hypothèses précisées par le législateur. La présomption de paternité retrouve néanmoins, de plein droit, sa force si l'enfant, à l'égard des époux, a la possession d'état d'enfant légitime, conformément aux dispositions de l'alinéa 2 des articles précités.

255. L'article 32 de l'ancien Code de l'enfant de 2008 précisait que : « *l'enfant né avant le 180e jour du mariage est légitime et réputé l'avoir été dès sa conception* ». La réforme de 2020 portant Code de l'enfant a supprimé cette règle. Le législateur guinéen a certainement voulu éviter une vérité juridique qui s'opposerait à une vérité biologique. Aussi, le mariage des parents légitimes les enfants nés avant le mariage. Par conséquent, la suppression

de cette règle ne nuit pas aux enfants nés au 180e jour avant le mariage de leurs parents.

256. La présomption de paternité du mari de la mère de l'enfant est une présomption simple connaissant des moyens de preuve expressément prévus par le législateur.

B. Les preuves de la filiation légitime

257. Selon l'article 129, alinéa 1e du nouveau Code de l'enfant, la filiation des enfants légitimes se prouvent par les actes de naissance ou les jugements supplétifs en tenant lieu. La même règle est prévue par l'article 390 du Code civil. L'alinéa 2 de l'article 129 Code de l'enfant et du 390 du Code civil précisent qu'à défaut de ce titre, la possession de l'état d'enfant légitime suffit.

258. La possession d'état s'établit par un ensemble d'événements matériels qui sont le nom, le traitement et la renommée conformément aux dispositions de l'article 376 du Code civil de 2019.

Le nom (*nomen*), élément de la possession d'état signifie que l'individu a toujours porté le nom de celui dont on le dit issu. En effet, le nom est le signe de l'appartenance familiale. L'enfant porte le nom de sa famille apparente.

Le traitement (*tractatus*), les parents prétendus doivent avoir traité l'enfant comme leur enfant, ils doivent avoir pourvu à son éducation, à son entretien.

La renommée, (fama), peut être définie comme la reconnaissance du lien de filiation par le milieu familial et social. Il est reconnu comme tel enfant dans la société et par la famille, l'autorité publique le considère comme tel.

259. Selon l'article 132 du nouveau Code de l'enfant et 393 du Code civil, *« à défaut de titre de possession d'état, ou si l'enfant a été inscrit soit sous de faux noms, soit sans*

indication du nom de la mère, la preuve de la filiation ne peut être judiciairement rapportée que s'il existe des présomptions ou des indices assez graves pour en déterminer l'admission ».

C. De la légitimation

260. La légitimation est ce qui permet à un enfant né hors mariage d'être assimilé pour l'avenir à un enfant légitime. L'ancien Code civil faisait un silence assourdissant sur la question de la légitimation, qui a été troublé par l'ancien Code de l'enfant de 2008. En effet, selon l'article 49 de l'ancien Code de l'enfant, la légitimation d'un enfant se fait soit par mariage des parents, soit sur une décision de Justice. Cette règle est reprise par l'article 394 du nouveau Code civil et l'article 133 du nouveau Code de l'enfant de 2020.

1. Légitimation par le mariage

261. Selon l'article 134, alinéa 1er du nouveau Code de l'enfant et l'article 395 du Code civil, « *tous les enfants nés hors mariage, fussent-ils décédés, sont légitimés de plein droit par le mariage subséquent de leurs père et mère* ». Il résulte de ces dispositions que le mariage légitime automatiquement l'enfant naturel. La condition de la légitimation est le mariage des parents. La filiation doit être établie à l'égard des deux parents. La légitimation suppose que l'enfant est né antérieurement à la célébration du mariage des parents. Dans le cas contraire, l'enfant est purement et simplement légitime, même s'il a été conçu avant le mariage.

2. Légitimation par autorité de Justice

262. Selon l'article 138 du Code de l'enfant et 399 du Code civil, « *s'il apparait que le mariage est impossible entre les deux parents, le bénéfice de la légitimation pourra encore être conféré à l'enfant par autorité de justice pourvu qu'il ait, à l'endroit du parent qui la requiert, la possession d'enfant naturel* ». Cette règle permet de légitimer l'enfant reconnu par ses parents après leur mariage. Pour la légitimation par autorité de Justice, la célébration du mariage et l'existence d'une filiation naturelle préétablie ne suffisent pas. Il faut en outre qu'un jugement constate que l'enfant a la possession d'état d'enfant naturel du requérant. La légitimation par autorité de Justice prend effet à la date de la décision qui la prononce définitivement.

Paragraphe 2 — La filiation naturelle

263. Selon l'article 143 du Code de l'enfant et 404 du Code civil, l'enfant conçu et né hors mariage est naturel. Si l'enfant est né de deux personnes célibataires, on dit que c'est un enfant naturel simple. Si l'un de ses parents est marié avec une autre personne au moment de la conception de l'enfant, il s'agit d'un enfant adultérin. En effet, cet enfant serait conçu et né dans une relation où son parent marié à une autre personne trompe celle-ci. L'enfant serait le fruit d'une relation adultérine. C'est pourquoi, l'enfant adultérin, issu d'une violation d'une obligation née du mariage, était considéré comme un enfant immoral. Par conséquent, l'enfant adultérin se trouvait discriminé par rapport à l'enfant légitime notamment dans la succession de leur géniteur commun. La règle était injuste pour l'enfant adultérin qui n'était pas responsable du comportement de ses parents. Lorsque l'enfant est né de deux personnes qui n'avaient pas le droit de se marier en raison d'un empêchement à mariage fondé sur l'existence d'un lien de

parenté, l'enfant est dit incestueux. C'est le cas par exemple d'un enfant né d'une relation sexuelle entretenue par un homme et une femme qui sont frère et sœur. L'enfant issu d'une telle relation était considéré comme un enfant de la honte. L'enfant incestueux se trouvait encore plus discriminé que les autres enfants. Il n'avait droit qu'aux subsides.

264. Selon les articles 144 du Code de l'enfant et 405 du Code civil, la filiation naturelle est établie par reconnaissance volontaire, la possession d'état ou par jugement. Cette règle est confirmée par celle de l'article 52 de la nouvelle loi spéciale n° L/2023/020/CNT du 25 octobre 2023. L'enfant naturel a une filiation divisible. Elle peut être établie à l'égard d'un seul parent, précisément à l'égard de la mère qui est en principe connue. Contrairement à ce qui se passe pour la filiation légitime, l'établissement d'un lien de filiation maternelle n'a aucune conséquence sur la filiation paternelle. Les deux liens de filiation sont indépendants. Filiation maternelle et filiation paternelle doivent donc être séparément établies.

265. La distinction entre enfant légitime et enfant naturel n'a plus d'intérêt dans la mesure où l'article 2, alinéa 1e de l'ancien Code de l'enfant 2008 prohibait déjà toute discrimination entre les enfants basée notamment sur la naissance. Aussi, l'article 61, alinéa 2 du même code précisait que l'enfant naturel a les mêmes droits que l'enfant légitime dans ses rapports avec ses père et mère. Ces deux règles sont respectivement reprises par les articles 3 et 146 du nouveau Code de l'enfant de 2020.

266. L'ancien Code civil n'attribuait les mêmes droits à l'enfant naturel que l'enfant légitime, qu'à la condition que celui-ci connaisse la légitimation. L'article 495, alinéa 3 du

Code civil ancien précisait que l'enfant incestueux ne pouvait jamais recevoir que des aliments.

267. On peut se réjouir de l'évolution apportée par le nouveau Code de l'enfant 2020, supprimant les discriminations entre les enfants fondées sur leur naissance, parce qu'ils n'ont pas à être responsables du comportement des adultes jugés répréhensibles par la société. Une évolution confirmée par le nouveau Code civil de 2019 à travers son article 407.

Section 2 — La filiation par procréation médicalement assistée

268. Il est question dans cette section de l'influence des progrès scientifiques sur le processus de la procréation. En effet, les pays industrialisés ont découvert et maîtrisent aujourd'hui les techniques de reproduction artificielle. Il est possible de remédier à la stérilité du couple par des procédés comme l'insémination artificielle de la femme avec le sperme de son conjoint ou d'un donneur, la fécondation en dehors du corps humain (fécondation *in vitro*). La congélation des embryons permet aussi de procréer dans le futur, au moment voulu. Ainsi, un couple marié qui ne parvient pas à procréer naturellement peut recourir à une assistance médicale à la procréation.

269. Les techniques médicales pour la procréation posant un problème éthique, la question de leur prohibition s'est posée en Occident. Le législateur français par exemple a opté pour une autorisation de la pratique des actes d'assistance médicale à la procréation, mais rigoureusement encadrée. Les pays en voies de développement, luttant contre la précarité sanitaire, sont loin de ce débat. Toutefois, ils n'ont pas manqué de montrer leur position sur la question. La République sœur du Mali

par exemple, prévoit à l'article 8 du Code de la famille la prohibition de la gestation pour autrui. Quant à notre pays, la législation civile est restée muette[106]. Mais, le Code pénal en application depuis 2016, prévoit un chapitre intitulé « *des crimes et délits contre l'espèce humaine* », dans lequel est consacré des règles contre la manipulation génitale. Par exemple, l'article 202 prévoit et punit de la réclusion criminelle à temps 5 à 10 ans, le fait de mettre en place une pratique eugénique visant la sélection des personnes, toute intervention pour faire naître un enfant cloné. Selon l'article 204 du même code « *Est puni d'un emprisonnement de 3 à 10 ans et d'une amende de 3.000.000 à 20.000.000 de francs guinéens, ou de l'une de ces deux peines seulement, le fait... de recueillir ou de prélever des gamètes sur une personne vivante en vue d'une assistance médicale à la procréation sans procéder aux tests de dépistage des maladies transmissibles ; de procéder à une insémination artificielle par sperme frais ou mélange de sperme provenant de dons* ».

270. Les derniers textes cités semblent confus sur l'interdiction de la procréation médicalement assistée. Ils ne disent rien sur la question. Aucune décision jurisprudentielle ne peut être citée pour plus d'éclaircissement. Vu la prééminence des valeurs morales et religieuses dans notre législation et le caractère sacré de la personne déclaré par nos lois fondamentales, on peut dire que le principe est l'autorisation de la pratique des actes de procréation médicalement assistée limitée par l'ordre public.

---

[106] Voir notre contribution dans Le « droit à l'enfant » et la filiation en France et dans le monde, (dir.) Pons-Brunetti, Cl, Nexis-Nexis, 2018, p. 591.

CHAPITRE 2

LA FILIATION EN DEHORS DE LA PROCRÉATION : L'ADOPTION

271. Une filiation peut être établie entre deux personnes qui ne sont unies par aucun lien biologique. C'est le cas de l'adoption, régie à la fois par le Code de l'enfant et le Code civil. L'adoption est une filiation élective établie par une décision de Justice. Selon la nouvelle loi spéciale n° L/2023/020/CNT du 25 octobre 2023, l'adoption est « *l'acte qui crée par l'effet de la loi, un lien de filiation entre un enfant, l'adopté et une autre personne l'adoptant* ». En effet, la finalité de l'adoption est de créer une filiation fictive consistant à donner à un enfant qui n'en avait pas, un foyer ou pour lui offrir de meilleures conditions de développement de sa personne. Avec l'influence de l'Islam qui prohibe l'adoption, les Guinéens y étaient très peu intéressés. Mais dans la dernière décennie, les affaires d'adoption sont de plus en plus courantes devant les juridictions guinéennes.

272. Il existe deux formes d'adoption :

- l'adoption plénière qui rompt les liens avec la famille par le sang lorsqu'ils étaient établis et fait acquérir à l'enfant une nouvelle filiation.
- L'adoption simple qui maintient au contraire la filiation par le sang et fait acquérir à l'adopté une seconde

filiation à l'égard des adoptants seuls investis des droits et devoirs d'autorité parentale.

273. Si les effets des deux types d'adoption diffèrent (section 2), les conditions en sont en revanche presque les mêmes (section 1).

Section 1 — Conditions de l'adoption

274. Certaines conditions sont relatives aux adoptants (§1) et d'autres à l'adopté (§2).

Paragraphe 1 — Conditions relatives aux adoptants

275. Selon l'article 159, alinéa 1er, du Code de l'enfant, l'adoption peut être demandée par deux époux non séparés de corps après cinq ans de mariage. L'alinéa 2 précise que l'adoptant doit être âgé de plus de 30 ans à moins qu'il ne s'agisse de l'adoption de l'enfant du conjoint. Et l'alinéa 2 complète en disant que si l'adoptant est marié et non séparé de corps, le consentement de son conjoint est nécessaire. Selon l'article 161 du même code, une différence d'âge d'au moins quinze ans doit exister entre l'adoptant et l'adopté, réduite à 10 ans si l'adopté est l'enfant du conjoint. S'il y a de justes motifs, le tribunal peut toutefois prononcer l'adoption malgré une différence d'âge moindre.

Paragraphe 2 — Conditions relatives à l'adopté

276. Selon l'article 162 du Code de l'enfant, seuls les enfants de moins de 15 ans peuvent faire l'objet d'une adoption plénière. Si l'enfant a plus de 13 ans, son consentement est requis pour l'adoption. Selon l'article 184

du même code, l'adoption simple est permise, quel que soit l'âge de l'adopté. L'article 165 du même code prévoit les enfants susceptibles d'être adoptés : — Les enfants adoptables avec le consentement des parents : en raison de la gravité de l'acte, le droit de consentir à l'adoption n'appartient qu'aux père et mère, à défaut au conseil de famille. Lorsque la filiation est établie à l'égard des deux parents, il faut le consentement de chacun d'eux. Le consentement du survivant suffit en cas de décès de l'un d'eux. Si l'un d'eux est dans l'impossibilité de manifester sa volonté ou en cas de retrait de l'autorité parentale, le consentement de l'autre suffit. Le consentement doit être donné par acte authentique devant le juge du tribunal de la personne qui consent, ou devant un notaire ou encore devant un agent diplomatique ou consulaire.

— Les pupilles de l'État : pour les pupilles de l'État dont les parents n'ont pas consenti à l'adoption, le consentement est donné par le conseil de famille de ces pupilles. Sont visés les enfants sans filiation établies ou connues (né sous X ou trouvé).

— Les enfants déclarés abandonnés:

Section 2 — Effets de l'adoption

277. Selon l'article 180 du Code de l'enfant, l'adoption produit ses effets à compter du jour du dépôt de la requête en adoption. L'adoption plénière emporte l'effacement des liens du sang à l'exception des prohibitions à mariage. L'adopté a, dans la famille de l'adoptant les mêmes droits et mêmes obligations qu'un enfant légitime. Dans l'adoption simple, l'enfant reste dans sa famille d'origine et y conserve tous ses droits y compris ses droits héréditaires.

Titre 2

Le statut juridique de l'enfant

278. L'étude du statut de l'enfant à ce niveau est une suite logique à l'étude de la filiation. En effet, il est admis que la filiation est le lien juridique qui permet l'intégration d'un enfant dans la famille de ses parents. Il faut entendre ici par l'expression « *statut juridique de l'enfant* », l'état de la personne de l'enfant. Autrement dit, le statut juridique de l'enfant est l'ensemble des règles qui régit la personne de l'enfant dans ses rapports avec ses parents d'ordre patrimonial et extrapatrimonial. Par exemple, si l'article 12 du Code de l'enfant de 2020 prévoit que l'enfant a droit à un nom et à une nationalité, l'article 56 du même code précise que : « *l'enfant porte le nom de son père. En cas de désaveu de paternité, il prend le nom de sa mère* ». Aussi, la vocation successorale est fondée notamment, sur le lien de parenté conformément aux dispositions de l'article 663 et suivants du Code civil. Par ailleurs, la loi oblige les parents à entretenir leurs enfants qui leurs doivent respect. Entre les enfants et leurs parents, la loi a aussi consacré l'obligation morale de solidarité. Il en résulte que l'enfant dispose d'un statut juridique propre comprenant un statut personnel (chapitre 1) différent de son statut patrimonial (chapitre2).

CHAPITRE 1

LE STATUT PERSONNEL DE L'ENFANT

279. Le statut personnel de l'enfant comprend les questions relatives à la nationalité, mais aussi celles qui sont relatives à la succession. La question de la nationalité et le droit de la succession nous semblent être des matières techniques et complexes que nous ne souhaitons pas aborder dans le cadre du présent manuel. Qu'il nous soit permis de les renvoyer aux ouvrages spécialisés, certainement plus explicites. Ainsi, ce chapitre se borne à citer les règles relatives au nom de famille de l'enfant (section 1) et à l'analyse des règles relatives à l'autorité parentale (section2).

Section 1 — Le nom de famille de l'enfant

280. Selon l'article 56 du Code de l'enfant, l'enfant légitime porte le nom de son père, en cas de désaveu de paternité, il prend le nom de sa mère. Selon l'article 57 du même code, l'enfant naturel reconnu par le père porte le nom de celui-ci. S'il n'est pas reconnu par le père, il prend le nom de sa mère. Selon l'article 58, l'enfant qui a fait l'objet d'une adoption plénière prend le nom de l'adoptant. En cas d'adoption plénière par deux époux, il prend le nom du mari. L'enfant ayant fait l'objet d'une adoption simple garde son nom de famille. Selon l'article 59, l'enfant dont

la filiation n'est établie ni à l'égard du père ni à l'égard de la mère porte le nom que lui attribue l'officier de l'état civil. Le choix de ce nom est fait en sorte qu'il ne porte atteinte ni à la considération de l'enfant, ni à celle d'une autre personne.

Section 2 — L'autorité parentale

281. Une grande réforme avait été opérée par le Code de l'enfant de 2008 qui avait mis fin à la puissance paternelle et lui avait substitué l'autorité parentale. Dès lors, le père et la mère avaient les mêmes droits et devoirs à l'égard de leurs enfants communs. Loin des réalités sociales guinéennes, la réforme avait le mérite de mettre fin à l'inégalité entre homme et femme dans leurs relations avec leurs enfants. La réforme a été confirmée par la réforme du Code civil de 2019 et celle du Code de l'enfant de 2020. Aussi, avec la réforme de 2019, le législateur a abaissé l'âge de la minorité de 21 ans à 18 ans, (articles 512 (mineur) et (578 (majorité)).

282. L'autorité parentale est l'ensemble des droits et pouvoirs accordés par la loi aux père et mère et à eux seuls quant à la personne et à la gestion des biens de leurs enfants mineurs et non émancipé. Il s'agit de droit permettant aux père et mère d'accomplir leurs rôles relativement à l'éducation, à l'entretien et à la protection de leurs enfants dans leur sécurité, leur santé et leur moralité conformément à la règle de l'article 473 du nouveau Code civil.

283. En effet, compte tenu de son jeune âge, l'enfant est une personne vulnérable qu'il faut protéger. Le législateur confie cette protection de l'enfant en priorité à ses parents. Les parents doivent éduquer leurs enfants en les accompagnant à l'âge d'un adulte responsable et épanoui. En contrepartie, les articles 472 du Code civil et 212 du

Code de l'enfant prévoient que « *l'enfant, à tout âge, doit honneur et respect à ses père et mère. Il reste sous leur autorité jusqu'à sa majorité ou son émancipation* ». L'obligation des parents de protéger leurs enfants s'applique donc dans une relation hiérarchisée au profit des parents. C'est ce que les règles prévues à l'article 214 du Code de l'enfant et l'article 474 du Code civil traduisent en ces termes : « *L'enfant ne peut, sans permission des père et mère, quitter la maison familiale, et il ne peut en être retiré que dans les cas de nécessité que détermine la loi* ».

284. Il résulte des dispositions des articles 40 à 50 du Code de l'enfant que l'État est aussi directement concerné par la protection de l'enfant, surtout les enfants en situation de danger, tel ceux victimes de maltraitance ou de prostitution.

285. Selon l'article 217 du Code de l'enfant et 475 du Code civil, pendant le mariage, les père et mère exercent en commun l'autorité parentale. Et l'article 223 du Code de l'enfant précise que le divorce ou la séparation de corps n'a pas d'effet sur l'exercice de l'autorité parentale.

286. Il convient de distinguer être titulaire et l'exercice de l'autorité parentale. La qualité de titulaire de l'autorité parentale à l'égard d'un enfant est acquise dès l'établissement du lien de filiation à son égard. Seul le retrait de l'autorité parentale pourrait priver un parent de sa qualité de titulaire de l'autorité parentale sur son enfant. Or, il peut arriver qu'un parent titulaire n'exerce pas l'autorité parentale, c'est-à-dire qu'il ne prend pas les décisions relatives à la vie de l'enfant. L'article 220 du Code de l'enfant et 479 du Code civil prévoient les circonstances dans lesquelles un parent est privé de l'exercice de l'autorité parentale, en ces termes : « *Perd l'exercice de l'autorité parentale ou en est provisoirement privé celui des père et mère qui se trouve dans l'un des cas suivants : 1 —*

S'il est hors d'état de manifester sa volonté ; en raison de son incapacité, de son absence, de son éloignement ou de toute autre cause ; 2— S'il a consenti une délégation de ses droits selon les règles établies au paragraphe 3 du présent chapitre ; 3— S'il a été condamné sous l'un des divers chefs de l'abandon de famille, tant qu'il n'a pas recommencé à assurer ses obligations pendant une durée de 6 mois au moins ; 4— Si un jugement de déchéance ou de retrait partiel de l'autorité parentale a été prononcé contre lui, pour ceux de ses droits qui lui ont été retirés ».

287. Sous la section consacrée à la délégation de l'autorité parentale dans le nouveau Code civil, l'article 493 dispose que « *aucune renonciation, aucune cession portant sur l'autorité parentale, ne peut avoir d'effet, si ce n'est en vertu d'un jugement dans les cas déterminés ci-dessous* ». Cette règle est contenue dans l'article 238 du nouveau Code de l'enfant. Il en résulte que le principe est l'impossibilité de la délégation de l'autorité parentale. Par conséquent, toute convention ayant pour objet le transfert de l'autorité parentale à un tiers serait nulle. Mais le principe de l'impossibilité de la délégation de l'autorité parentale n'est pas absolu.

288. L'article 239 du Code de l'enfant dispose que : « *un tribunal peut, quand il est appelé à statuer sur les modalités de l'exercice de l'autorité parentale ou sur l'éducation d'un enfant mineur ou quand il décide de confier l'enfant à un tiers, avoir égard aux pactes que les père et mère ont pu librement conclure entre eux à ce sujet, à moins que l'un d'eux ne justifie de motifs graves qui l'autoriseraient à révoquer son consentement* ». L'article 240 du même code poursuit : « *Les père et mère, ensemble ou séparément, ou le tuteur autorisé par le conseil de famille, peuvent, quand ils ont remis l'enfant mineur à un particulier digne de confiance, à un établissement agréé à cette fin, ou au*

service chargé de l'Enfance, renoncer en tout ou partie à l'exercice de leur autorité. En ce cas, délégation totale ou partielle de l'autorité parentale résultera du jugement qui sera rendu par le tribunal sur la requête conjointe des délégants et du délégataire. La même délégation peut être décidée, à la seule requête du délégataire, lorsque les parents se sont désintéressés de l'enfant depuis plus d'un an ».

289. La délégation de l'autorité parentale porte sur l'exercice de l'autorité parentale. La délégation consiste au transfert à un tiers des prérogatives de l'autorité parentale. Toutefois, le législateur exclut expressément le droit de consentir à l'adoption à travers les dispositions de l'article 243 Code de l'enfant, selon lequel « *le droit de consentir à l'adoption de l'enfant ne peut être délégué* ».

290. Dans le souci de protéger les enfants, le législateur a prévu le retrait et la déchéance de l'autorité parentale à l'article 244 du même code et à l'article 500 du Code civil. En effet, les parents qui maltraitent ou abandonnent leurs enfants peuvent se voir être déchus de l'autorité parentale par une décision de Justice. En principe, la déchéance de l'autorité parentale est totale conformément aux dispositions de l'article 245 du Code de l'enfant et 502 du Code civil. Ainsi, le parent sanctionné est privé de l'exercice de l'ensemble des attributs de l'autorité parentale. L'enfant est confié à l'autre parent. Si ce sont les deux parents qui sont sanctionnés, l'enfant sera confié à un tiers ou à un service de l'État spécialisé conformément aux dispositions de l'article 247 du Code de l'enfant et 504 du Code civil. Selon l'article 246 du Code de l'enfant et 503 du Code civil : « *Le jugement peut, au lieu de la déchéance totale, se borner à prononcer un retrait partiel de droits, limité aux attributs qu'il spécifie. Il peut aussi décider que*

la déchéance ou le retrait n'auront d'effet qu'à l'égard de certains des enfants déjà nés ».

291. Le législateur guinéen ne précise pas la durée de la déchéance, ni dans le nouveau Code de l'enfant, ni dans le nouveau Code civil. Il n'en donne pas non plus la latitude au juge. Toutefois, l'article 248, alinéa 1er du Code de l'enfant prévoit que : « *les père et mère qui ont fait l'objet d'une déchéance ou d'un retrait de droit pour l'une des causes prévues au présent code, pourront, par requête, obtenir du tribunal en justifiant de circonstances nouvelles, que leur soient restitués, en tout ou partie, les droits dont ils avaient été privés* ». Cette règle est prévue par l'article 505 du Code civil. Il en résulte que la déchéance ou le retrait de l'autorité parentale n'a pas un caractère définitif. Le parent sanctionné peut demander la restitution de ses droits à l'égard de son enfant après au moins une année du jugement définitif de déchéance ou du retrait.

292. La déchéance prononcée ne porte pas que sur les attributs personnels, elle touche aussi la gestion patrimoniale de l'enfant.

CHAPITRE 2

LE STATUT PATRIMONIAL DE L'ENFANT

293. Les père et mère ont l'administration légale des biens des enfants soumis à leur autorité parentale, conformément aux dispositions de l'article 506 du Code civil et 249 du Code de l'enfant. L'administration légale emporte pour les parents un droit de jouissance légale des biens de leur enfant mineur, contrepartie de leurs devoirs. Toutefois, l'article 511 du Code civil et 254 du Code de l'enfant précisent que la jouissance de l'autorité parentale ne s'étend pas aux biens que l'enfant peut acquérir par son travail, que lui sont donné ou légués, sous la condition expresse que les père et mère n'en jouiront pas et qu'il reçoit au titre de l'indemnisation d'un préjudice extrapatrimonial dont il a été victime.

BIBLIOGRAPHIE

Ouvrages généraux, manuels et traités

Bénabent Alain, Droit de la famille, 2e éd. Montchrestien, coll. « Précis Domat », 2022.

Bonfils Ph. et **Gouttenoire A.** Droit des mineurs, Dalloz, coll. « Précis », 2008.

Bonnet V, Droit de la famille, Paradigme, Bruylant, 2023

Brom B, Cros C. et autres, Droit de la famille, Mémento Francis Lefebvre, Pratique, 24-25, 2024

Boulanger F. Droit civil de la famille

- Tome 1 : Aspects internes et internationaux, Economica, 1990.
- Tomme 2 : Aspects comparatifs et internationaux, Economica 1994

Brun-wauthier Anne — Sophie, Régimes matrimoniaux, Paradigme, Brulant, 11 Édition, 2024

Carbonnier J. Droit civil, tome 2 : La famille, l'enfant, le couple, 21e éd. PUF, coll. « Thémis », 2002.

Cabrillac Rémy, Droit des régimes matrimoniaux, 11e édition, LGDJ, 2019

Chénedé F, (dir.), Droit de la famille, Dalloz Action, 2023-2024, 9e édition

Colomber A, Droit civil régimes matrimoniaux, 12e éditions Litec, 2004

Cornu G, Droit civil. La famille, 9e éd. Montchestien, coll. « Précis Domat », 2006.

Egéa Vincent, Droit de la famille, 4e édition, Lexis Nexis, 2022

Granet F. Droit de la famille, PUG, 2013

Hauser J. Huet-Weiller D. (dir.) Ghestin J. Traité de droit civil. La famille :

Tome 1 : Fondation et vie de la famille, 2e éd. LGDJ, 1998

Tome 2 : Dissolution de la famille, LGDJ, 1991

Leca Antoine, Introduction historique au droit de la famille, Lexis — Nexis, 2021

Malaurie Ph. et **Aynès L.** Droit civil, La famille, 4e éd. 2011

Malaurie Ph. et **Fulchiron H**, Droit civil, la famille, Defrénois, 2006

Terré F, Introduction générale au droit, Précis Dalloz, 9e édition, 2012

Terré F. et **Fenouillet D.** Droit civil. La famille, 8e éd. Dalloz, coll. « Précis », 2011

Ouvrages collectifs

Bernard-Maugiron, (dir.), ordre public et droit musulman de la famille, Bruylant, 2012

Brunetti-Pons Cl. (dir.)

- La notion juridique de couple, Economica, 1998.
- La complémentarité des sexes en droit de la famille, Mare et Martin, 2014.
- L'institué : le donné, la volonté et la responsabilité, Bruylant 2016.
- PMA, GPA : quel statut juridique pour l'enfant ? Mare et Martin, 2018
- Le « droit à l'enfant » et la filiation en France et dans le monde, Lexis Nexis, 2018

Hauser Jean, (dir.), sociologie judiciaire du divorce, Economica, 1999

Mathieu D, Le Goff J et **Pédrot Ph**, Droit et complexité : Pour une nouvelle intelligence du droit vivant, Presses universitaires de Rennes, 2007

Rodière R, « le ménag e de fait devant la loi française », *in* travaux de l'Association Henri Capitant Dalloz, 1960

Ouvrages spéciaux

Camara N. M. M, La Guinée est une famille, N. M. Camara, 1991

Bernard B, Du positivisme au réalisme juridique, Editions Boleine, 2023

Kouyaté S, CELHTO, La Charte de Kurukan Fuga, L'Harmattan, 2008

Pichot-Bravard Ph, Le droit naturel, Via Romana, 2023

Mara S, « Foudou » ou le mariage traditionnel malinké en Guinée, l'Harmattan Guinée, 2023

Niang D. T, L'épopée du Manding, Présence Africaine, 1960

Tardivel E, Morale et droit, Editions Boleine, 2023

Zerbo J. K, L'histoire générale de l'Afrique, Editions Hartier international, 1972

Monographies, thèses et mémoires

Carbonnier J,

- Droit et passion du droit sous la Ve République, Flammarion, 1996
- Flexible Droit, pour une sociologie du droit sans rigueur, L.G.D.J, 10e édition, 2021

Condé S, La dot en droit guinéen, mémoire soutenu sous notre direction à l'Université Général Lansana Conté Sonfonia Conté, en 2021

Diakité L, Concubinage en droit guinéen de la famille, L'Harmattan, 2023

Koïta S. M, la responsabilité des père et mère en droit guinéen. Etude prospective à la lumière du droit français, Harmattan 2016

M'baye K, Le Droit de la famille en Afrique noire et à Madagascar, éd. Maisonneuve et Larose, 1968

Rochfeld J, Les grandes notions du droit privé, Thémis droit PUF, 8e édition, 2022

Sall A, Singularité juridique africaine : Ce que l'Afrique apporte au droit, L'Harmattan, 2023

Touré L, Le droit de la veuve dans la masse successorale en droit guinéen, mémoire soutenu sous notre direction à l'Université Général Lansana Conté Sonfonia Conté, en 2018

Articles et chroniques

Badji M, « Le mariage dans le droit traditionnel africain », *in* Le Droit africain à la quête de son identité, Mélanges offerts au Professeur Isaac Yankhoba N'diaye, sous la direction de N'diaw Diouf, Mohamed Bachir Niang et Abdoul Aziz Diouf, L'Harmattan, 2021

Baldé B, « De la reconnaissance juridique du mariage religieux », revue JuriGuinée, n° 2, 2014.

Boye A. K, « Les mariages mixtes en droit international privé sénégalais », revue NEA-CREDILA, 1981

Courtois P. A, « la protection du concubin survivant », AJ. Fam. 2018

Huet, « les atteintes à la liberté nuptiale dans les actes juridique », RTD civ. 1967

Dia F. B, « Réflexion sur l'action en réparation de la concubine en droit sénégalais », revue NEA-CREDILA, décembre 2017, n° 7, volume 2

Koïta S. M, « la sexualité de la jeunesse en Guinée », à paraître dans un ouvrage collectif

N'Diaye I. Y,

- « Le mariage à l'épreuve du droit traditionnel », Revue sénégalaise de droit, n° 36, janvier-juin 2011
- « l'Obligation de fidélité entre époux : observations dubitatives sur les droits guinéens et sénégalais de la famille, JuriGuinée, n° 7, à paraître

N'diaye N. C. M, « La notion de famille en droit sénégalais : réflexion sur l'approche d'un « Code de compromis », *in* Le Droit africain à la quête de son identité,

Mélanges offerts au Professeur Isaac Yankhoba N'diaye, sous la direction de N'diaw Diouf, Mohamed Bachir Niang et Abdoul Aziz Diouf, L'Harmattan, 2021

N'dir S. D, « La problématique de l'annulation du mariage en droit sénégalais », revue NEA-CREDILA, décembre 2017, n° 7, volume 2

Dictionnaire

Locutions latines juridiques, sous la direction de S ; Guinchard Dalloz 2012.

Le Petit Larousse illustré, 2023

Autre document

Rapport de l'Institut National des Statiques, rédigé sur le thème : « État matrimonial et nuptialité », par Ibrahima Diallo et Mamadou Saliou Barry, publié par le Ministère le Ministère du plan et de la coopération.

Sources électroniques et sites internet

Al Amer, Munira, L'égalité entre époux : étude comparative : Droit français, qatarien, saoudien et tunisien, Hal Open Science, Université de Strasbourg, 2019

Laroche-Gisserot F, Pratique de la dot en France au XIXe siècle, www.persee.fr.

INDEX

TABLE DES MATIÈRES

Structures éditoriales du groupe L'Harmattan

L'Harmattan Italie
Via degli Artisti, 15
10124 Torino
harmattan.italia@gmail.com

L'Harmattan Hongrie
Kossuth l. u. 14-16.
1053 Budapest
harmattan@harmattan.hu

L'Harmattan Sénégal
10 VDN en face Mermoz
BP 45034 Dakar-Fann
senharmattan@gmail.com

L'Harmattan Cameroun
TSINGA/FECAFOOT
BP 11486 Yaoundé
inkoukam@gmail.com

L'Harmattan Burkina Faso
Achille Somé – tengnule@hotmail.fr

L'Harmattan Guinée
Almamya, rue KA 028 OKB Agency
BP 3470 Conakry
harmattanguinee@yahoo.fr

L'Harmattan RDC
185, avenue Nyangwe
Commune de Lingwala – Kinshasa
matangilamusadila@yahoo.fr

L'Harmattan Congo
67, boulevard Denis-Sassou-N'Guesso
BP 2874 Brazzaville
harmattan.congo@yahoo.fr

L'Harmattan Mali
Sirakoro-Meguetana V31
Bamako
syllaka@yahoo.fr

L'Harmattan Togo
Djidjole – Lomé
Maison Amela
face EPP BATOME
ddamela@aol.com

L'Harmattan Côte d'Ivoire
Résidence Karl – Cité des Arts
Abidjan-Cocody
03 BP 1588 Abidjan
espace_harmattan.ci@hotmail.fr

L'Harmattan Algérie
22, rue Moulay-Mohamed
31000 Oran
info2@harmattan-algerie.com

L'Harmattan Maroc
5, rue Ferrane-Kouicha, Talaâ-Elkbira
Chrableyine, Fès-Médine
30000 Fès
harmattan.maroc@gmail.com

Nos librairies en France

Librairie internationale
16, rue des Écoles – 75005 Paris
librairie.internationale@harmattan.fr
01 40 46 79 11
www.librairieharmattan.com

Lib. sciences humaines & histoire
21, rue des Écoles – 75005 paris
librairie.sh@harmattan.fr
01 46 34 13 71
www.librairieharmattansh.com

Librairie l'Espace Harmattan
21 bis, rue des Écoles – 75005 paris
librairie.espace@harmattan.fr
01 43 29 49 42

Lib. Méditerranée & Moyen-Orient
7, rue des Carmes – 75005 Paris
librairie.mediterranee@harmattan.fr
01 43 29 71 15

Librairie Le Lucernaire
53, rue Notre-Dame-des-Champs – 75006 Paris
librairie@lucernaire.fr
01 42 22 67 13

www.ingramcontent.com/pod-product-compliance
Lightning Source LLC
LaVergne TN
LVHW021210061026
849535LV00008B/2659